Acorde o Palhaço Em Você

Levando a vida com humor

Astrid Küpper

Acorde o Palhaço Em Você

Levando a vida com humor

EDITORA
IDEIAS&
LETRAS

Diretor Editorial:
Marcelo C. Araújo

Conselho Editorial:
Avelino Grassi
Edvaldo Araújo
Márcio Fabri

Tradução:
Inês Lohbauer

Copidesque:
Ana Aline Guedes da Fonseca de Brito Batista

Revisão:
Camila Pereira Ferrete

Diagramação:
Érico Leon Amorina

Capa:
Érico Leon Amorina

Título original: *Erwecke den Clown in dir – Mit Humor das Leben Meistern*

ISBN: 978-3-89680-574-4

EDITORA IDEIAS& LETRAS

Rua Diana, 592
Cj. 121 - Perdizes
05019-000 - São Paulo - SP
(11) 3675-1319 (11) 3862-4831
Televendas: 0800 777 6004
www.ideiaseletras.com.br

Dados Internacionais de Catalogação na Publicação (CIP)
(Câmara Brasileira do Livro, SP, Brasil)

Küpper, Astrid
Acorde o palhaço em você : levando a vida com humor / Astrid Küpper ; [tradução Inês Lohbauer]. - São Paulo : Ideias & Letras, 2013.

Título original: Erwecke den Clown in dir : Mit Humor das Leben Meistern
ISBN 978-85-65893-22-0

1. Arquétipo (Psicologia) 2. Conduta de vida 3. Espiritualidade 4. Humor 5. Palhaços 6. Vida cristã I. Título.

13-02129 CDD-248.4

Índices para catálogo sistemático:

1. Espiritualidade plena de humor : Cristianismo 248.4

Sumário

1 PREFÁCIO - 9
Anselm Grün

INTRDUÇÃO - 12
Astrid Küpper

2 MUDANÇA DE PERSPECTIVA - 16

Humor – o que é isso? - 16
Palhaço – apenas no circo? - 18
O que é um "palhaço"? - 19
A diferença entre aconselhamento e acompanhamento - 21

3 TUDO O QUE O PALHAÇO PODE NOS DIZER - 25

Visionário, saltimbanco ou doido? - 27
O riso - 30
A troca de papéis - 33
Usando o corpo na representação não verbal – a comunicação não verbal - 36

DESCUBRA O PALHAÇO EM VOCÊ – AS FACETAS E AS FUNÇÕES DO HUMOR EM DIVERSAS ÁREAS DA VIDA - 41

O humor na tradição cristã, com o exemplo de São Filipe Néri - 43

O palhaço da espiritualidade - 44
O palhaço da contemplação - 47
O palhaço da confiança - 51
Sugestões de estímulos para o dia a dia - 54

O humor na medicina, com o exemplo do médico-palhaço Hunter "Patch" Adams - 56

O palhaço da saúde - 56
O palhaço das visões - 58
O palhaço do riso - 62
O palhaço da arte de viver - 65
Sugestões de estímulos para o dia a dia - 67

O humor na psicologia - 68

O palhaço da diversidade - 68
O palhaço da ação - 72
O palhaço da provocação - 74
O palhaço dos talentos - 78

O humor no acompanhamento ao luto - *81*

O palhaço da tristeza - 81
O palhaço do desapego - 83
O palhaço do fracasso - 88
O palhaço da esperança - 91

O humor no trabalho - *95*

O palhaço da vida profissional - 95
O palhaço da gratidão - 98
O palhaço da comunicação - 101
O palhaço da criatividade (1) - 104

O humor na espiritualidade pessoal - *109*

O palhaço de Deus - 111
O palhaço da criatividade (2) - 114
O palhaço em mim - 116

5 ACONSELHAMENTO E ACOMPANHAMENTO COM MUITO HUMOR – UM RESUMO - *119*

6 UMA CONCLUSÃO DIFERENTE - *123*

BIBLIOGRAFIA - *125*

Prefácio 1

O palhaço é uma imagem arquetípica. Toda pessoa traz essa imagem do palhaço dentro de si. A qual nos coloca em contato com nossas próprias possibilidades e capacidade de estabelecer uma distância saudável de nós mesmos, para observarmos a nós e a nossas vidas com certo humor. O humor é a capacidade que tenho de me libertar da seriedade brutal com que, muitas vezes, julgo a minha vida. Posso deixar minha vida ser como ela é. Posso rir dela. Ao dar risada, crio um distanciamento da minha tendência ao julgamento. Posso simplesmente deixar as coisas como elas são.

A Igreja já conhecia esse palhaço que habita as pessoas. Às vezes, ela agia, no passado, com certa ausência de humor, e tive problemas com ele ao longo de sua história. Mesmo assim, no ambiente que a cercava sempre existiram festas divertidas. Na Idade Média, a festa das crianças inocentes era celebrada como uma festa satírica. Elegia-se um bispo infantil, que fazia todo tipo de travessura. O papa Inocêncio III era contra as "anedotas que estimulavam a risada" contadas pelos clérigos. Também se celebrava uma festa dos burricos. O motivo era a homenagem à fuga da Sagrada Família para o Egito. Apesar de todas as proibições, essas festas eram muito apreciadas pelo povo. O psicólogo suíço

Jung (1875–1961) perguntava-se o que acontecia na alma humana. Essas festas satíricas abordavam os lados reprimidos das pessoas, seu lado mais animal e inconsciente. Na medida em que o representa, a pessoa consegue lidar melhor com esse seu lado reprimido. De acordo com Jung, essas festas, como ainda existem hoje no Carnaval da Renânia ou na Festa dos Fantasiados, na terça-feira gorda do Carnaval[1**], possuem um efeito terapêutico.

As imagens determinam o modo como nos sentimos. Quando aceitamos a imagem do palhaço em nós, muita coisa em nossas vidas fica mais fácil. Não levamos mais tão a sério nossas aparições em público quando temos de falar diante de um grupo. O humor nos dá a capacidade de dizer tranquilamente o que temos a dizer. Abandonamos todo tipo de autojulgamento. O palhaço em nós liberta-nos das constantes autocríticas e autojustificativas. Sabemos que não somos santos, mas só por causa disso, não precisamos usar nossa túnica de penitente o tempo todo, podemos trocá-la por uma roupa de palhaço. Ela nos permite também lidar com nossos erros e fraquezas usando uma boa dose de humor. Assim, os erros perdem o poder sobre nós. Isso nos ajuda a sermos libertos deles ao invés de tentar vencê-los com violência ou arrancá-los à força.

Então, desejo a todas as leitoras e leitores deste livro, que entrem em contato com o palhaço dentro de si e se deixem contagiar pela alegre natureza de Astrid H. Kupper, para quem o carnaval é algo fascinante desde sua infância na Renânia; e passem a olhar para si mesmos e

1 ** Chamada de "Fasnet" na Alemanha (NT).

infância na Renânia; e passem a olhar para si mesmos e suas vidas com mais humor e tranquilidade. Desejo-lhes que também não percam o senso de humor no acompanhamento às pessoas, mas lhes deem a possibilidade de encarar suas verdades sem sentirem vergonha por isso. O humor nos conduz à verdade, de forma afetuosa. É importante aceitarmos a verdade com amor – a nossa própria verdade e a de nossos semelhantes.

Introdução

Nas muitas conversas com as pessoas que encontro diariamente ou que buscam acompanhamento em diversas situações, sempre me surgia a mesma pergunta: o que, hoje em dia, ainda pode ser uma mensagem alegre? Onde existe hoje, para as pessoas, a possibilidade de vivenciar uma espiritualidade plena de humor, sem correrem o risco de não serem levadas a sério pelos outros?

Como nativa de corpo e alma da região da Renania (não só no carnaval), tive uma forte propensão a me dedicar ao tema "humor" e ao "palhaço que existe dentro de mim", e a me conscientizar da lição de vida que ele me apresentava.

Será que eu deveria ser um palhaço para fazer as pessoas rirem? Será que todos têm dentro de si um palhaço que ainda não descobriram ou não despertaram? Em contradição, sua duplicidade entre as palhaçadas e as lágrimas, o palhaço pode ser inspirador e fascinante. E o que seria o palhaço sem seu humor? "Existe um bom humor quando rimos, apesar de tudo", ou "rir é saudável" – duas sabedorias populares que todos conhecem e que nos mostram a amplitude da vida.

Descobrir o palhaço dentro de si, ter humor – será que isso tem a ver com nossa vida pessoal? Será que tem a ver com nossos encontros, nossos processos de acompanhamento e aconselhamento?

Em minha opinião, tem sim! Nos mais diversos contextos dos nossos encontros diários, seja no trabalho, na vida familiar, no aconselhamento ou na supervisão, vale a pena descobrirmos que não precisamos falar apenas sobre problemas e questões complicadas, mas que ainda existe um fator que nos confere vitalidade, pois a amplitude da vida, inclusive no trabalho, é imensamente grande.

Mesmo em situações difíceis e pesadas, cada um de nós ainda pode encontrar algo que o faça rir até de si mesmo. Cada um de nós conhece essas situações aparentemente sem saída, nas quais não somos mais sujeitos de nossas ações. Doenças, despedidas de entes queridos, separações, perda de emprego, problemas financeiros... nem nós acreditávamos que chegaríamos a cair tão fundo, eu também conheço essas situações. Nesses casos, encontrar algum motivo para rir "apesar de tudo", e dar uma chance ao nosso palhaço interior, o palhaço de Deus dentro de mim me ajuda a não duvidar da vida, mas a ganhar uma nova vida.

Não perder o humor nessas situações ou não deixá-lo se transformar em mau humor ou amargura, é um desafio. Vale a pena mantê-lo, e em situações difíceis, também conseguir de vez em quando dar umas boas risadas. Outra sabedoria popular, atribuída a Charles Chaplin, diz o seguinte: "Um dia em que você não sorriu, é um dia desperdiçado."

Viver sem humor e também sem luto, não é um processo de amadurecimento sadio e direcionado às fontes. O humor é um presente, um talento e um convite, sempre renovado, à mudança de perspectiva.

Este livro pretende encorajar homens e mulheres a confiarem mais no palhaço interior, tanto em seus encontros diários quanto nas conversas de aconselhamento. Ele nos convida a redescobrir o humor como uma força doadora de vida, a qual é cheia de contradições. A obra visa nos ensinar a aguentar a tensão do dia a dia estimulando nosso prazer de viver e de descobrir o mundo. Concordo que, tornar esse dia a dia mais pleno de vida, colorido, alegre e satisfatório é tarefa de toda pessoa bem-humorada, e para isso, espero encorajar todos os meus semelhantes otimistas.

Meu desejo é ampliar, neste livro, o contexto entre os encontros diários, o dia a dia da vida pessoal e a conversa de aconselhamento. Por meio de exemplos concretos de "palhaços", apresento no capítulo 4 alguns conhecimentos teóricos básicos sobre o tema "humor" e algumas sugestões, assim como atitudes do dia a dia que podem ser significativas e praticáveis nos encontros e aconselhamentos, oferecendo diversas possibilidades. São simplesmente estímulos para reflexões, sem nenhuma pretensão de perfeição, mas que visam levar a mim e a você ao verdadeiro cerne do humor, ao palhaço dentro de nós.

Deixe-se levar, junto a mim, ao palhaço bem-humorado e seus bastidores. Cada capítulo será introduzido com um poema ou um texto para a reflexão sobre o assunto. Os poemas sem uma referência ao autor são de minha autoria.

Mesmo que ao longo do livro eu utilize a forma masculina na escrita, refiro-me sempre a ambos os gêneros igualmente, estimulando-os para que despertem seu palhaço interior.

Quero ser um palhaço
Nesses tempos velozes, tão carentes de humor
Que sempre estão girando, coloridos
Quero deslocar minha perspectiva
E plantando bananeira
Colocar o mundo no centro de novo

Deslocando a perspectiva

Ser um modelo de imagem no espelho
E tocar as pessoas
Com suas ânsias secretas, não vividas
Na busca por si mesmas
E do sentido de suas vidas

Quero ser um palhaço
Para despertar minha criança interior
Meu palhaço interior
à vida neste mundo

Mudança de Perspectiva 2

"O palhaço não representa nenhum papel, ele sai de seu papel, pois só assim a vida aflora." (Johannes Galli)

Humor - o que é isso?

Quando pesquiso a palavra "humor", a primeira coisa que encontro é o termo "húmus". Para meu avô, húmus era o solo fértil que permitia às suas plantas crescerem e vicejarem. O húmus como solo e adubo para a seiva da vida destinada aos seres humanos. Como um presente e um convite para crescermos e vicejarmos, por toda nossa vida. Para descobrirmos e despertarmos nosso talento cômico para o humor. O significado original da palavra "humor" provém da palavra latina "(h)umor", e significa "umidade, líquido". O seu contrário é o "humor negro", quando se faz piadas sobre o horror e a crueldade. A palavra usada atualmente, "humor fatídico" define a hilaridade ao se ter consciência do inevitável.

Para mim, o humor é o "exercício da vida" que começa quando nos pegamos pela mão, conseguimos rir de nós mesmos e prosseguir numa saudável reconciliação com as contradições de nossa vida pessoal.

O humor é o "fluxo da força, da seiva e da energia vital", que de vez em quando flui com menos força de acordo com a sensibilidade e a situação da vida de cada um. O humor é o "húmus", que me faz responsável pela terra e me ajuda a permanecer preso ao chão com as duas pernas. Existencialmente, ele faz parte da existência e das emoções humanas, e determina nossas vidas mais do que imaginamos a princípio.

Os exercícios do humor podem ser bem diversos, e dependem de muitos fatores: da situação, da concepção pessoal, da fase da vida de cada um naquele momento, das tarefas a serem cumpridas, da percepção pessoal sobre a vida e muito mais. Basicamente, naquele instante em que apresento uma assim chamada "piada" e convido as pessoas a rirem, acontece muita coisa: libertação, aproximação, autoconhecimento, mudança de pensamento, flexibilização...

Quase não há nenhum dia de nossa vida em que não damos risada de alguma coisa, ou pelo menos nos divertimos com algo. Como somos pessoas com humor, podemos encarar a nós mesmos e a nossos semelhantes com estima, afeição e rir com prazer.

Cada um de nós possui um pequeno palhaço cômico dentro de si, um palhaço que vale a pena descobrir, ou despertar. Os palhaços são as imagens primordiais das travessuras e da alegria. Estão inseparavelmente ligados ao humor sutil e velado. O que os palhaços podem nos dizer, hoje em dia? Antes de falarmos dos palhaços, eu gostaria de perguntar : "Você já sorriu hoje?".

O palhaço - apenas no circo?

O que você liga a um palhaço? Provavelmente muitos de nós, quando crianças ou jovens, pudemos ver um palhaço no circo ou no carnaval – ou até já nos fantasiamos dele. Ele nos fez dar risada e acompanhar com atenção todas as suas ações.

Eu também já encontrei palhaços fora do circo ou da época de carnaval. À primeira vista não se podia dizer que eram palhaços, porque não estavam usando aquelas roupas típicas.

Você já fez algumas experiências com seu talento para a palhaçada?

Num caderno especial do jornal *Publik-Forum*[2] *extra* (o jornal dos cristãos críticos) alguns escritores escreveram sobre o tema "palhaço" e suas diversas facetas. Entre outras coisas, de acordo com a ideia geral do jornal, eles dizem: "Esqueçam por alguns momentos o palhaço de circo, o palhaço da algazarra. A figura do palhaço é mais do que isso. Ela representa uma postura de vida, uma forma criativa bem peculiar de ver e viver a vida. Muitas vezes nosso

2 Publik-Forum extra, edição 2/2004 : *Entdecke den Clown in dir. Chançen fur ein Lebendiges Leben*, pp. 14 e 15.

palhaço interior só tem a chance de aflorar em certas crises da vida. Então ele mostra que o fracasso não é o fim, mas o começo de uma nova brincadeira: ele revela a loucura da normalidade, ele encoraja, faz rir e consola ao mesmo tempo. Ele nos convida a uma serena vivacidade, que não exclui a seriedade da vida.

O que é um "palhaço"?

O conceito "palhaço" vem do inglês "colonos" e significa tolo, ou atrevido. A designação original para a figura do "tolo camponês" (a pessoa cômica) nos palcos ingleses surgiu no início do século XVI. Mas a figura do palhaço surgiu também na tragédia, e geralmente na comédia, como um brincalhão sob a forma da pantomima. As figuras de palco aparentadas ao palhaço são, sobretudo, o pierrô e o arlequim.

A designação de palhaço para os cômicos de circo, que tiveram uma influência importante dos franceses, italianos e alemães, tornou-se usual na metade do século XIX. Logo, o palhaço foi identificado como palhaço de circo. Ele se apresentava, entre outros, com uma fantasia cintilante e maquiado de branco. O exemplo disso eram os antigos brincalhões. A figura do "bobo Augusto"[3] remonta à figura parodiada do palafreneiro, criada pelo

3 O "bobo Augusto" é um palhaço que está numa posição inferior na hierarquia dos palhaços de circo, e em dupla com outro palhaço, chamado de Augusto, faz as estripulias e piadas de fundo para o palhaço principal, que sempre se apresenta com o rosto pintado de branco. (NT)

pelo palhaço Tom Belling (1834-1900) no circo Renz. O "bobo Augusto", geralmente vestido com um velho terno grande demais e usando uma peruca descabelada, encarna uma pessoa desajeitada, desastrada, numa situação difícil, em que ela se sente indefesa e cerceada. Os números cômicos do palhaço de circo geralmente mostram sua luta desajeitada, tragicômica contra objetos insidiosos ou um adversário superior. O salmista também fala de um Deus que dá risada e faz ironias. Literalmente, ele diz o seguinte: "Ele, que está entronizado nos céus, ri, o Senhor os ironiza" (Ps 2,4).

Em suas muitas frases sábias, o escritor Erich Kästner (1899-1974) reconheceu que não é tão simples assim encarar o lado mais alegre da vida. Ele observou uma vez: "É fácil achar que a vida é difícil. E é difícil achar que a vida é fácil".

É disso que trata o palhaço, tal como ele se apresenta a nós hoje. De um ponto de vista mais superficial, damos risada de sua incapacidade, sentimos pena e achamos graça ao mesmo tempo quando ele não consegue fazer as coisas. Talvez, pensamos o seguinte: "É melhor que tudo dê errado para ele, e não para mim". Mas se olharmos mais atentamente, veremos que estamos permitindo ao palhaço representar nossas próprias fraquezas, nosso próprio fracasso e nossas próprias burradas, bem iluminadas sob a lona do circo ou no palco do teatro. Segundo Alfred Kirchmayr, o psicanalista nascido em 1942, o palhaço de hoje atua conforme o seguinte lema: "Caia fora de seu papel para cair fora da armadilha!".

Em encontros e processos de aconselhamento, o palhaço em nós pode despertar nosso prazer de brincar, de experimentar possibilidades de vida e de expressão ainda não descobertas, nosso prazer de pensar, perguntar e agir inesperadamente, de enfrentar com afeto e valorização as situações mais malucas no âmbito familiar, na sociedade, na igreja, no local de trabalho, enfim, ao redor de nossa vida.

A diferença entre aconselhamento e acompanhamento

Nossa vida diária consiste de vários encontros, nos quais assumimos os mais diversos papéis (pai, mãe, chefe, empregado, colega, membro de equipe, conselheiro, acompanhante, etc.). Por isso, é importante que ao descobrir ou despertar o palhaço em mim, eu tenha consciência desses diferentes papéis.

Quando quero introduzir em mim o palhaço bem-humorado, em situações de aconselhamento ou acompanhamento, preciso primeiro fazer uma distinção de conceitos. O conceito "aconselhamento" representa uma conversa com o objetivo de solucionar uma questão ou um problema. O aconselhamento tem dois significados:

Aconselhamento no sentido de "apoiar alguém, ou aconselhá-lo com o propósito de ajudá-lo". Podemos partir do princípio de que um especialista competente apresenta-se diante de alguém que "busca um conselho", oferecendo-lhe a ajuda solicitada. Num contato desse tipo, a iniciativa cabe a quem busca ajuda.

Aconselhamento no sentido de "aconselhar-se mutuamente". Nisso, o intercâmbio especializado e a busca por uma solução viável e criativa ao problema está em primeiro plano. Nesse tipo de aconselhamento parte-se de uma igualdade de direitos de todas as pessoas que participam do processo, que decidem como será o escopo da solução ao problema e quais serão os primeiros passos concretos a serem dados. Exemplo disso são os aconselhamentos entre colegas nas relações de trabalho.

O trabalho de aconselhamento é muito diversificado. Em todos os âmbitos da vida e do trabalho existem aconselhamentos e locais para isso. Como: aconselhamento nos estudos, em empresas, conjugais e familiares, religiosos, jurídicos, de pais e técnicos.

Para os que buscam o aconselhamento é importante considerar o futuro conselheiro competente para o que eles precisam, e é necessário que se crie uma relação de confiança para que a elaboração do problema transcorra de forma criativa e efetiva.

Isso vale também para o acompanhamento. A palavra "acompanhamento" significa "trilhar um caminho acompanhado de alguém", no sentido figurado, e é utilizada em diversos contextos. Na música, o acompanhamento consiste de diversas vozes adicionais que dão suporte a uma melodia. Na psicoterapia e no apoio anímico religioso, ele é entendido como um consolo em situações difíceis, em seus desdobramentos, e como uma orientação, por exemplo no acompanhamento à dor da morte e ao luto, ou no acompanhamento espiritual. As principais perguntas no aconselhamento, no acompanhamento e nos encontros são: O *que é o ser humano para mim? Qual é a imagem de ser humano que está na base de minhas ações? Qual é a minha postura básica? Como lido com os seres humanos que encontro no trabalho e na vida privada?*

A resposta a essas perguntas é um pressuposto importante para os relacionamentos humanos. Devo aceitar as pessoas como elas são; é um dever de todos que trabalham no aconselhamento e no acompanhamento, e também de todo cristão, gostar delas e irradiar isso.

Justamente nos encontros, nos aconselhamentos e nos acompanhamentos o humor possui uma função essencial: irritação ou perturbação. Nas funções descritas (capítulo 4), a irritação e a perturbação são introduzidas como importantes "ferramentas" no aconselhamento, movimentando internamente a pessoa aconselhada, e algumas vezes contornando outras funções. A irritação e a perturbação por meio do humor sempre convidam as pessoas a se conscientizarem sobre seus antigos caminhos, a identificarem seus velhos padrões conhecidos e se abrirem para o novo. Eu incomodo o que é conhecido, mando-o embora e crio coragem para a experimentação. A função do humor de irritar torna mais fácil rirmos de nós mesmos e contagiar os outros com nosso riso. Como a irritação tem uma importância grande para as outras funções e apresenta uma elevada possibilidade de intervenção, ela se estende através de outras exposições, e sempre acompanha as pessoas de todas as profissões ligadas ao aconselhamento, em todas as atividades.

Eu gostaria de mostrar aqui alguns exercícios e ilustrar o que pode significar para o aconselhamento e aos respectivos processos que se seguem. Isso vale também para todas as profissões ligadas ao aconselhamento (supervisão, acompanhamento, trabalho com o luto etc.), assim como para as pessoas que se encontram com outras com o coração aberto, afetuoso e cheio de humor.

A imagem da pessoa com humor e do palhaço tem uma importância decisiva. Descobrir ou despertar cada vez mais o palhaço em mim significa ter consciência da responsabilidade de assumir, como o palhaço, uma certa tarefa ou um determinado papel no encontro, no aconselhamento ou no acompanhamento. Tendo consciência disso, posso ajudar outras pessoas a descobrirem seu próprio palhaço interior.

3 Tudo o que o palhaço pode nos dizer

Vamos finalmente nos levantar

Vamos finalmente nos levantar
Hoje,
Levantar,

Finalmente

Da velha rotina
Das trilhas que seguimos sempre
Dos pensamentos enferrujados
Do sempre mesmo "isso ou aquilo"
Das velhas fantasias e máscaras de palhaço!

Vamos finalmente experimentar o levante!

Vamos finalmente nos levantar
Hoje

Levantar
Finalmente
Das (auto) imposições

Dos planejamentos alheios
Da falta de liberdade do passado e
Do presente
Do eterno soar daquele "mais tarde..."
Do circo sempre igual!

Vamos finalmente experimentar o levante!

Vamos finalmente nos levantar
Hoje
Levantar!
Ressuscitar
Ficarmos firmes, eretos
Com a capacidade de ficarmos em pé
Ao nosso lado, ao seu lado
Como eu sou, como você é
Querido palhaço
Ressuscitar
Da sexta-feira santa da vida pessoal
Até a festa da Páscoa da cura interior em mim!

Vamos finalmente experimentar o levante!

Contra a morte

E levantar para a vida!

Celebrar a Páscoa todo dia significa
Levante
Levantar
Levante-se

Fique de pé
Ressuscite

Ressurreição
Ousar o levante
Em mim, através de ti, ó Deus
É o que nos ensina o palhaço

Visionário, saltimbanco ou doido

"Todo mundo é um palhaço, mas poucos têm a coragem de mostrá-lo", disse uma vez o palhaço Charlie Rivel (1896-1983), famoso no mundo inteiro.

Se essa afirmação for verdadeira, então existe em todos nós um visionário, um saltimbanco ou um doido, e, às vezes, de acordo com a situação, também um pouco de cada um dos três.

Quem não tem uma visão própria de sua vida pessoal, sua família, sua profissão e a sociedade em que vive? Em que medida perseguimos essas visões e sonhos, ou deixamos que desapareçam no fundo de alguma "gaveta dentro de nós?" No caso, a visão de alguém seria sua luta interior em direção a um objetivo, essa luta nos prende, nos anima e move com entusiasmo.

Cada um de nós já "construiu sua própria realidade", adequada à sua vida, e quando essa realidade é distante da assim chamada norma geral, mais cedo ou mais tarde ela também acaba se encaixando na imagem que a sociedade tem dos adultos sérios. Uma vida arranjada, à qual eu me adapto para remar "de acordo com a correnteza".

O pedagogo teatral e terapeuta inglês David Gilmore (nascido em 1949) escreve a esse respeito em seu artigo *Die bunte Unterhose und die Verstrickung des Alltags* (A cueca colorida e a confusão do dia a dia): "Basicamente, somos todos doidos. Não sabemos de onde viemos e para onde vamos. O doido é um catalisador, um viajante no mundo e entre os mundos. Para o doido a vida não faz sentido, ele simplesmente vive! E apesar disso ele reflete de forma afetuosa, mesmo que direta e provocadora, todas as tentativas de se preocupar. Ele quer se libertar de ideias fixas e ordens estáticas. O universo está em constante transformação, mas as pessoas buscam segurança e estabilidade, e quando a encontram, fazem de tudo para que alguma coisa mude, porque ficam entediadas e querem coisas diferentes. É nisso que se revela o doido em nós".

E o que aconteceria se de vez em quando não surgisse o palhaço em nós, anunciando-se e atirando nossas visões novamente para o alto. Com a já citada frase: "Caia fora de seu papel, para cair fora da armadilha!", Alfred Kirchmayr vai direto ao ponto. Então, poderíamos naturalmente lembrar: "Afinal, a vida é assim mesmo!". Ela cria as armadilhas e não se abre para pessoas que caem fora de seu papel, que seguem suas próprias visões. O Dr. Hunter "Patch" Adams, cujas visões apresentarei aqui mais adiante em detalhes, é uma dessas pessoas que caem fora da armadilha e contagia os outros, que deixa outros, que deixa seu palhaço interior viver e até lhe dá uma configuração externa, por meio dos seus "palhaços das clínicas", em hospitais e asilos. A pergunta que vem me intrigando há algum tempo é: será que você e eu também não conseguiríamos?

O que vale para o visionário também vale para o saltimbanco. Ele não pode ser encontrado apenas em mercados, feiras ao ar livre e picadeiros de circos, mas em cada um de nós. Todo mundo conhece o dito popular: "Fingir algo para si mesmo".

No sentido figurado, isso quer dizer que eu invento algo para mim mesmo. Mas se eu considerar a palavra de um outro ponto de vista e fingir alguma coisa para mim mesmo, não conseguiria parar de dar risada e de me divertir comigo mesmo. Isso produz uma tremenda liberdade, pois não preciso mais dos outros para me divertir. Eu começo a rir de mim mesmo e a pintar a feira da minha vida com tintas coloridas. Isso me dá muito prazer de viver e sentido para a vida, pois estarei contando a anedota da minha própria vida.

Se esse comportamento ou essa postura às vezes parecer uma doidice a muitas pessoas, podemos lembrá-las imediatamente do bobo da corte, que na Idade Média tinha a missão de fornecer diversão à corte do rei. O bobo da corte podia dizer muitas coisas, atrevidamente e dando risada, revelava o que qualquer outro nem ousaria balbuciar. David Gilmore nos explica: "Nas crises, nosso humor é colocado à prova... Nem sempre é fácil aceitarmos o que não queremos – mas isso é sempre um exercício fundamental para o palhaço e a postura do doido". David Gilmore termina seu artigo com a exortação, ou melhor dizendo, o convite: "Fracasse tranquilamente! Ele é a expressão de sua verdadeira liberdade. Para mim, é nisso que se mostra a essência do humor".[4] Quando o palhaço, em suas diversas versões: visionário, saltimbanco ou doido, vê sua vida fracassar em variados âmbitos, e não consegue ter êxito nas mínimas coisas, quando ele começa a se atrapalhar no picadeiro, podemos descobrir nisso a verdadeira liberdade existente em cada pessoa.

Sobretudo, isso mostra se de fato somos pessoas bem humoradas, serenas ou não. Quando reconheço esse fracasso, também descubro a chance que ele abriga. A chance de um recomeço, de mais uma tentativa e a chance de uma vida animada, plena de humor.

O riso

Quando falamos sobre o tema "humor e palhaço", necessariamente devemos fazer algumas reflexões sobre o riso.

O filósofo francês Georges Bataille (1897-1962) disse uma vez: "O riso é o formato específico da interação humana". Por meio do riso expressamos o humor, ele se descarrega de forma corporal e oral ao mesmo tempo. Por meio do riso o humor libera uma expressão no corpo da pessoa e ao mesmo tempo estabelece uma relação com o outro, como o palhaço com o público.

4 Idem.

Assim como no aplauso, no riso o palhaço, saltimbanco ou doido, também pode perceber se conseguiu tocar os corações dos espectadores e despertar novamente para a vida os sonhos há muito enterrados. "Rir é saudável", é o que sempre nos dizem, e os trabalhos científicos que o Dr. Patch Adams (veja no capítulo 4, O humor na medicina) e seus colegas realizaram, confirmam o efeito terapêutico do riso.

Existem diversos tipos de riso, como também diversos tipos de humor. No entanto, eles dependem das situações, dos climas do momento, e de como eu interpreto o processo que desencadeou o estímulo à minha risada. O riso também pode ocorrer de forma silenciosa, o que nos é mostrado maravilhosamente pela arte da pantomima.

Rir é sempre um meio de comunicação. No relacionamento humano, muitas vezes o riso é encarado como expressão de simpatia mútua e uma concordância de ambos os lados. Assim, em situações de conflito o riso pode exercer um efeito amenizador e de alívio das tensões.

Podendo trazer à tona sentimentos reprimidos, e por meio da comicidade das situações, jogar aos interlocutores uma "bola" verbal ou não verbal que amplia a interação dos participantes.

Dar risada é um comportamento inato de expressão do ser humano, que exerce seu efeito, sobretudo, na interação e no intercâmbio com outras pessoas. É do famoso ator Heinz Ruhmann (1902-1994) a afirmação de profundo significado: "O riso é o 'trocadinho' da felicidade".

Na Idade Média, as pessoas também se interessaram muito pelo assunto, como nos mostra de maneira expressiva o filme "O Nome da Rosa", baseado no *best-seller* do escritor Umberto Eco (nascido em 1932). Na história, o personagem Jorge de Burgos é um monge rigoroso que odeia profundamente o riso divertido e as gargalhadas das pessoas. O que ele mais teme na vida é a divulgação de um texto sobre o riso, de Aristóteles, considerado extraviado.

Em seu livro *Das Lachen im Mittelalter* (O Riso na Idade Média), o historiador francês Jacques Le Goff (nascido em 1924)[5] mostra o significado que as pessoas da Idade Média atribuíam ao riso, e as questões com as quais os monges e eruditos se preocupavam, como por exemplo: "Será que Jesus dava risada? Deus sabia rir? Será que a pessoa que dá risada não está ridicularizando a ordem do mundo?".

"O Nome da Rosa", o preocupado monge Jorge de Burgos é de opinião que a desvalorização do riso está ligada à tradição cristã, mas a Bíblia usa claramente uma linguagem diferente. Uma vez, consultando a tradução universal da Bíblia, eu me dei ao trabalho de procurar nela as seguintes palavras: "contente", "feliz", "contentamento", "riso" e "alegria". Cheguei ao seguinte resultado: as palavras "contente", "feliz", e "contentamento" aparecem trinta e cinco vezes no Antigo Testamento (AT), e sete vezes no Novo Testamento (NT). A palavra "riso" aparece trinta e três vezes no Antigo Testamento e cinco vezes no Novo Testamento. A palavra "alegria" aparece duzentas e vinte

5 Goff Le, Jacques: Das Lachen im Mittelalter, Stuttgart 2004 (Edição alemã).

e nove vezes no Antigo Testamento e cento e cinco vezes no Novo Testamento.

Depois dessa pesquisa e a apresentação dos resultados, eu me atrevo a fazer a seguinte reflexão: se Jesus era um ser humano como nós, então também era um homem que sabia rir e chorar, não é? Em sua vida terrena Jesus vivenciou alegrias e sofrimentos, e assim como nós ele deve ter se sentido feliz ao participar de festas (como nas bodas de Canaã) e se entristecido (como, por exemplo, com a traição de Judas e de Pedro), chorado e rido, inclusive quando se reunia com seus amigos discípulos.

No Antigo Testamento, no livro Eclesiastes, encontramos mais uma resposta. Nele, o pregador escreve que tudo tem seu tempo: "...tempo de chorar, tempo de rir, tempo para a lamentação e tempo para a dança" (Eclesiastes 3, 4).

Tudo tem seu tempo; mas quanto tempo reservamos diariamente para o riso?

A troca de papéis

Assim como nós, o palhaço nunca representa um único papel. Ele troca de papéis quando troca suas roupas ou as diversas fantasias que usa, e também quando troca suas inúmeras posturas e atitudes, além de suas expressões corporais e linguagem.

Em seu livro *Rollenwechsel (Troca de Papéis)*[6], o padre beneditino Meinrad Dufner (nascido em 1946) escreve no capítulo sobre a troca de roupas: "Nas lendas sobre o carnaval, ficamos sabendo como as pessoas sentem a energia renovadora de uma nova roupa. Trocar a normalidade pela maluquice é um processo de higienização vital da alma. Não há limites para a diversidade, quando por alguns dias se é um rei ou um mendigo, um vilão ou uma bruxa (acrescentando a todos esses um saltimbanco, um palhaço ou um doido) ou um selvagem... ser um caubói por algumas horas, e logo mais à noite uma sereia ou o próprio Adônis. Tudo isso nos faz bem. O contrário seria ser sempre igual, sempre a mesma coisa. Num clima morno, com a temperatura ambiente de dezoito graus centígrados, eu me mostro a mim mesmo e aos outros, tocando a vida apenas no espaço de uma oitava, quando na verdade o instrumento tem inúmeras outras. Para a troca das roupas não é preciso ter um guarda-roupas cheio de coisas caras, mas apenas algo que se destaque, uma seleção, uma coisa diferente, para que o tempo e a ação não se tornem uma mistura do que é sempre igual. Sem tonalidades diversas não se faz uma melodia. Sem o contraste entre o claro e o escuro não se faz uma pintura, sem aproximação e distanciamento não se mantém um relacionamento, e sem esforço e relaxamento não se consegue ter nenhuma autoconsciência.

Mais adiante, na página 38, sobre o tema *vestir-despir*, ele escreve: "Além disso, não é qualquer um que

6 Dufner, Meinrad: Rollenwechsel, Munsterschwarzacher Kleinschriften, vol. 143, Munsterschwarzach 2004.

pode usar qualquer máscara, qualquer roupa. É necessário que se faça uma preparação anterior para se representar um papel, senão ele pode destruir a pessoa. Assumir papéis e tarefas sem o devido cuidado e largá-los de qualquer jeito enfraquece a pessoa em questão. E, inversamente, quando ela assume um novo papel, qualquer rito é fortalecedor, e qualquer boa despedida do papel anterior para assumir outro papel tem a função de habilitá-la para essa nova representação".[7] Imediatamente percebemos, no público espectador, quando o palhaço está se encaixando bem ou não em seu papel, em suas roupas. Será que ele está sendo autêntico e verdadeiro, está bem em seu papel naquele momento da representação, sua comunicação – verbal e não verbal – corresponde ao que ele expressa com o corpo e a linguagem? Ele envolve a nós, o público, em seu encantamento? Acompanhamos sua representação? Muitas vezes, o palhaço troca de papéis durante a apresentação, sendo importante que ele lide cuidadosamente consigo e com o público. Ele precisa levar a plateia junto em sua "viagem", e naquele momento tornar-se responsável por isso.

A troca de papéis não é realizada apenas pelo palhaço durante sua apresentação, mas é vivenciada por cada um de nós várias vezes ao dia. Assumimos diversos papéis: marido/mulher, parceiro/parceira, mãe, pai, filha, filho, amigo/amiga, colega, chefe... e nem todos se encaixam em nós. Isso depende das situações. Nem todos esses papéis nos fazem felizes da mesma forma, nem todos nos preenchem.

7 Idem, p. 38.

O importante é não desvalorizarmos os papéis e nos julgarmos caso nos consideremos incapazes de desempenhá-los "corretamente", mas tentarmos vivenciá-los e crescermos dentro deles cada vez mais. Com isso, quero dizer concretamente: toda pessoa possui pontos fortes e fracos nos diversos papéis que desempenha diariamente. Às vezes uma coisa funciona melhor do que outras. Não existe o ser humano perfeito, ou o palhaço perfeito. Podemos cometer erros e passarmos a vida inteira como aprendizes. Encarar os acontecimentos e encontros diários, a troca de papéis de todos os dias, como uma oportunidade e um presente para o aprendizado, algo que podemos utilizar sempre, é o grande desafio da vida para nós.

Podemos aprender muito com o palhaço, cujas roupas no início até parecem grandes demais, e cujos sapatos geralmente também são enormes às vezes durante toda sua vida. Mas ele sempre consegue preenchê-los, crescendo cada vez mais e melhor dentro deles, no jogo de sua vida.

Usando o corpo na representação não verbal - comunicação não verbal

Na apresentação do palhaço o humor participa da representação, na comunicação do humor para os espectadores e a comunicação por meio do humor. O que é o humor no intercâmbio entre a comunicação verbal e não verbal?

O humor é mais do que simplesmente um jogo de palavras, ou, como o expressam o psicoterapeuta e pesquisador do riso Michael Titze (nascido em 1947) e a logoterapeuta Inge Patsch (nascida em 1952), ele é mais do que o "engraçado expresso em palavras. O humor é mais do que a anedota intelectual, ele surge quando se inclui na expressão a esfera do nosso ser interior infantil. Pois a fonte original da comicidade situa-se no âmbito não verbal da expressão corporal, quando se apresentam atitudes malucas, imitações burlescas ou brincadeiras atrevidas, incluindo o jogo da mímica. Quem é cômico, geralmente dispõe de capacidades linguísticas bem desenvolvidas. As pessoas engraçadas conseguem brincar habilmente com as palavras. Elas querem ser ouvidas, pois seu meio de comunicação é a palavra falada".[8] Por outro lado, na comunicação não verbal as palavras faladas não estão em primeiro plano. Quem quiser se comunicar por meio de uma pantomima, não deve apenas escutar, mas, sobretudo, também, olhar. Isso não vale apenas para a comunicação por meio das pantomimas ou para os palhaços, mas para a comunicação em geral, entre as pessoas. Na comunicação não verbal o rosto e o corpo, que participa em sua totalidade da ação nessa representação sem palavras, situam-se em primeiro plano. A linguagem corporal também é bastante interessante

8 Titze, Michael/Patsch, Inge: Die Humorstrategie. Auf verbluffende Art Konflikte lösen, Munique 2004, p. 121.

em conversas "sérias", e diz muita coisa sobre nossos interlocutores.

Por exemplo, vamos observar o rosto da pessoa numa comunicação não verbal. A primeira coisa em que presto atenção no palhaço, assim como em meu interlocutor, são os olhos. Será que ele estabelece um contato com o meu olhar? Ele tem condições de fazer isso? Será que os músculos e as pálpebras dos seus olhos possuem mobilidade suficiente? Apesar da maquiagem, consigo perceber como é a postura da boca, dos cantos da boca, o movimento do queixo e dos lábios? Será que o palhaço observa seu público – pelo menos algumas pessoas concretas – e as utiliza como "co-palhaços"? Será que isso é suficiente para estabelecer rapidamente uma ponte e atrair o público ao seu encanto por meio de seu jogo sem palavras?

Michael Titze e Inge Patsch defendem a tese que: "O contato do olhar faz parte do humor assim como o sol do verão".

Além das mãos, os olhos são o meio mais expressivo do ser humano. Muitas vezes os olhos ou o olhar revelam muito mais o que o interlocutor sente ou pensa do que as palavras. Os olhos são o espelho da alma. Com a mímica o palhaço constrói uma "ponte" com a; gesticulação ele transmite sua representação e traz o público por ela. O público foi cativado e observa tudo atentamente, pois toda sua atenção concentra-se no que vê, e não tanto no que escuta. Todos os sentidos do público estão aguçados e captam com muito mais consciência o que ocorre diante de seus olhos.

O palhaço nos convida a treinar nossa própria conscientização e nossos próprios sentidos, a nos envolver em sua representação sem palavras, e, mesmo assim, ou justamente por isso, a darmos risada e mostrarmos nosso humor. Ele emprega seu corpo inteiro na ação, e só renuncia sua voz – no entanto, todos sabem o que ele quer dizer com aquela representação no picadeiro. Conseguimos entendê-lo mesmo que ele não diga um única palavra.

Certamente isso não acontece apenas com o palhaço. Nossos colegas e amigos, muitas vezes não precisam dizer nada, porque já sabemos o que pensam ou sentem; quando olhamos para seus olhos, seu rosto, quando tomamos consciência de seus gestos, sua mímica, e quando nos abrimos para a mensagem transmitida pela mímica, pela gesticulação do olhar.

Titze e Patsch consideram o ator Klaus Kinski (1926–1991) um mestre da mímica, em suas entrevistas. Às vezes, ele sentia muito prazer em não pronunciar uma única palavra em entrevistas na televisão. Em vez disso, revirava constantemente os olhos ou lambia o lábio superior. O público ficava encantado, mas os parceiros de entrevista geralmente eram obrigados a depor suas armas verbais.

A representação com o corpo - mímica e a gesticulação - possui um encanto todo especial, ao qual ninguém consegue resistir. Quando somos apresentados a pessoas que ainda não conhecemos, para onde olhamos em primeiro lugar? Para cada um de nós há uma coisa que é a mais importante: olhos, mãos, boca etc.; porém, na maioria das vezes não é a fala. Ela só vem se juntar ao resto bem mais tarde.

Para mim, é importante que se tome consciência disso como processos de comunicação. Nos processos de aconselhamento ocorrem muitas coisas não verbais, por meio de mímica, de gesticulação e de linguagem corporal, em geral de forma inconsciente.

Descubra o palhaço em você

as facetas e as funções do humor nas diversas áreas da vida

Este capítulo tem uma estrutura baseada em "quatro passos" com o conteúdo a seguir. Escolhi alguns exemplos de humor no aconselhamento e na vida diária, que irão se tornando mais concretos à medida em que eu for descrevendo diversas figuras de palhaços (em uma fonte diferente). Acrescentei às descrições algumas possíveis sugestões para a vida diária das pessoas.

No quarto passo, apresento algumas funções específicas das diversas facetas do humor. Essas funções valem para os exemplos de facetas que escolhi, mas podem ser trocadas.

Algumas das tarefas estão interligadas ou sobrepostas, para que no final se possa incluir a função terapêutica do humor. As descrições a seguir não estão classificadas de acordo com sua importância, e não têm a pretensão de serem perfeitas ou completas. Nesse caso, também não há limites para a criatividade do leitor.

Máscaras

Que máscara usarei hoje?
Qual me parece adequada
Para as situações que enfrentarei hoje?
Como irei ao encontro do interlocutor
Que não chega com muita disposição?
Qual a máscara que usarei?
Como irei ao encontro de pessoas bem-vindas?

E as situações que se apresentarem – com que
máscara eu as enfrentarei?

Em meu armário interior tenho muitas máscaras
Para as mais diversas situações
E encontros,
Máscaras amáveis, zangadas, atentas, de rejeição
De tristeza, de oferta e de recebimento
Máscaras, máscaras, máscaras
Às vezes me parece
Que dentre todas essas diversas máscaras
Meu rosto, meu EU

Vai se perdendo cada vez mais

Talvez já tenha chegado a hora
De não desperdiçar mais meu tempo
Na busca de máscaras
Mas usá-lo na vivência, na realização

E no despertar do meu rosto
Do meu EU
Então, em todas as situações,
Meu palhaço interno saberá mostrar seu verdadeiro rosto

O humor da tradição cristã no exemplo de São Filipe Néri

Na pesquisa mencionada sobre as passagens da Bíblia no Antigo e no Novo Testamento, tornou-se evidente que elas falam da alegria e do contentamento, que a tradição cristã de fato anuncia uma *alegre mensagem*. Vale a pena conferirmos essa ajuda ali citada ou procurarmos nós mesmos colocá-la em prática. Um santo real, que colocou em prática na sua vida essa mensagem de alegria, foi Filipe Néri, ou Filippo Néri (1515-1595).

Ele é um dos mais queridos santos que conhecemos hoje, um notório brincalhão, uma figura paterna, um dom Quixote e perspicaz caricaturista do mundo à sua volta. O sacerdote e humanista italiano é o "doido de batina" entre os santos. Por muito tempo, depois de Francisco de Assis (1181/82–1226) ele foi o mais popular e mais original de todos os santos. Johann Wolfgang Von Goethe (1749-1832), em sua obra *Italienische Reise – Philipp Neri, der humoristische Heilige* (Viagem à Itália – Filipe Neri, o santo humorista) declarou-o seu santo preferido. Até hoje essa veneração ainda existe. Para os romanos ele é um segundo apóstolo e patrono da cidade. Filipe Néri é, sobretudo, o patrono dos saltimbancos. Mas não e só entre o "povo viajante" que seu nome tem boa fama. Até nos dias atuais muitas igrejas e entidades sociais, casas de cultura e fraternidades têm o seu nome. Vamos mostrar um panorama de sua vida para saber porque isso é assim, e porque ele é considerado o santo humorista.

O palhaço da espiritualidade

Quando reflito sobre o palhaço da espiritualidade, imagino a seguinte possibilidade de interpretação: "Espiritualidade" é uma palavra derivada da raiz etimológica "spiritus", que no latim quer dizer "espírito", respectivamente "spiro", que significa "eu respiro".

O que isso pode representar para nós e o palhaço da espiritualidade em nós? O palhaço da espiritualidade age com muita consciência, ele é animado pelo espírito (de Deus) e faz tudo de acordo com isso. Para ele a respiração tem um papel muito importante. Respirar de forma consciente, transportar-se para dentro do corpo e permitir que ele seja permeado pela respiração, conscientemente, tudo isso é a fonte da energia e do espírito para a sua representação no picadeiro.

Justamente o palhaço toma consciência de seu corpo, e o insere no intercâmbio com seu público. Ele se conscientiza de seu corpo, seu espírito e sua alma como unidade, e deixa-se impregnar pela respiração e o espírito. A espiritualidade é a energia vital de que ele precisa para se colocar diariamente no jogo de sua vida, junto aos espectadores, e com isso alcançar a unidade consigo mesmo.

Como podemos transferir isso para nós? Eu me pergunto: será que presto atenção em minha respiração, com consciência, ou frequentemente fico sem fôlego em minha vida diária? Qual o espírito que me anima profissional e pessoalmente? Será que sinto esse espírito e estou ligado a ele? Como posso vivenciar minha espiritualidade e estimular os outros com ela?

O palhaço da espiritualidade nos convida a mantermos uma interiorização constante, tomarmos consciência de nossa respiração, do nosso corpo e vivermos de forma espiritual e alegre. Lembro-me de Beppo, o varredor de ruas, na história intitulada MOMO, de Michael Ende (1929–1995). Beppo varria as ruas uniformemente, sempre muito concentrado no serviço e com uma espiritualidade toda própria, numa sequência passo-inspiração-varrição. Beppo, o varredor de ruas, pode ser um ótimo modelo para nós e nosso palhaço interior da espiritualidade. Vamos começar o novo dia, o novo projeto, a excursão com a família, a próxima apresentação, com a sequência passo-inspiração-varrição.

Filippo Romolo de Neri era filho de um advogado e nasceu no dia 21 de julho de 1515 em Florença. Infelizmente, logo tornou-se órfão. Frequentou a escola dos dominicanos em sua cidade natal, onde sentiu uma grande fascinação por seu diretor, um belicoso reformador de seu tempo, o dominicano e pregador de penitências Girolamo Savonarola (1452-1498) que mais tarde foi queimado na fogueira, acusado de uma suposta heresia. Depois dos estudos, ele morou por três anos na casa de seu tio, nas proximidades de Montecassino, onde foi aprendiz de comerciante. Porém, ele passava muito mais tempo no convento vizinho, da ordem dos beneditinos, e foi contagiado pelo ideal clássico da vida ascética dos eremitas. Vivenciou uma conversão que descreveu como um "dom do fervor".

Em 1533, pobre e sem recursos, Neri foi para Roma, onde levou uma vida ascética e conheceu Inácio de Loyola (1491–1556) o fundador da ordem dos jesuítas. Permaneceu 16 anos em Roma, trabalhando como educador e professor particular em uma família. Logo conheceu os mais pobres dentre os pobres: os enfermos nos hospitais. Passou a consolá-los, animá-los e a ouvir pacientemente suas queixas. Vendeu todos os seus livros do tempo em que estudava filosofia e teologia, e deu o dinheiro aos pobres.

Em 1548, aos 35 anos de idade, ele fundou junto a seu confessor a "Irmandade da Santíssima Trindade dos Peregrinos e Convalescentes", uma sociedade leiga para tratar e cuidar de peregrinos, enfermos e pobres carentes. Quando foi ordenado sacerdote em 1551, entrou para uma comunidade sacerdotal da igreja de São Jerônimo em Roma. Passou a caminhar pelas ruas envolvendo os transeuntes em longas tagarelices, o que não raro os deixava meio desorientados. Era assim que abria suas mentes para o anúncio do evangelho.

O palhaço da contemplação

À primeira vista, esse palhaço parece ser o oposto do "palhaço da ação". Porém, num olhar mais atento pode--se perceber que ação e contemplação possuem algo em comum, que as conecta, e que o limite entre ambas muitas vezes é bastante fluido. Conhecemos a frase "os opostos se atraem". O palhaço está tranquilo, totalmente centrado em si mesmo, e assim, mergulha na ação. Sua animada apresentação ao público, com tanta autenticidade, só é possível devido seu hábito contemplativo.

Já dissemos uma vez que amor e ódio estão intimamente ligados, assim como a guerra e a paz. Os dois polos se constituem numa situação perigosa e extrema, e nós, seres humanos, muitas vezes não temos consciência dos limites fluidos entre eles, ou só o fazemos tarde demais. Cônjuges que se amaram durante muitos anos não conseguem dizer, num processo de divórcio litigioso, quando exatamente algo mudou, quando o amor se transformou em ódio. E também no caso de uma longa guerra, as partes envolvidas geralmente se esquecem o motivo que a desencadeou, não conseguem determinar o ponto que marcou o início concreto das negociações de paz, e vice-versa.

Para poder ser um palhaço da ação, é necessário que inevitavelmente exista um palhaço contemplativo como polo oposto. É a contemplação no sentido de um espaço interior de recolhimento, e de um tempo de silêncio interior e exterior, no qual eu possa me concentrar naquilo que é essencial. É um espaço de fontes de onde eu possa extrair minha força para as próximas ações. É onde vivo como o palhaço que efetivamente se constitui na minha essência.

O palhaço da contemplação sempre me convida à introspecção para que eu encontre serenidade e força dentro de mim e alcance a fonte da energia vital, da esperança e do amor. Em sua ampla totalidade, esse é um palhaço existencialmente muito importante, que todos os dias nos coloca diante da diversidade.

Por trás das brincadeiras de pergunta e resposta de Néri, às vezes até mordazes, revela-se uma grande bondade e muito humor. Ele começa a fazer discursos em lugares públicos com muito ânimo, e também a entabular conversas engraçadas, dando respostas prontas, imediatas, às pessoas que se reúnem à sua volta. Para muitas delas ele se torna um conselheiro que as ajuda em questões importantes de suas vidas, tomando como base sua própria escola de vida, que para muitas dessas pessoas também se constitui numa influência duradoura.

Suas palhaçadas, com as quais ele conquistou os corações da juventude e das pessoas simples, derivam da sua convicção de que fé sem alegria pode adoecer as pessoas.

O evangelho de Filipe Néri é uma mensagem de alegria e até de felicidade. Evidentemente, o Deus em que ele acredita possui muito humor. Depois de uma oração silenciosa ele começa subitamente a dançar por toda igreja, e não medo de mais nada, só teve de que alguém o levasse muito a sério ou até de que respeitassem demais sua dignidade sacerdotal. Para Filipe, o humor é uma postura de vida. Uma vez ele disse: "O sentimento de alegria fortalece o coração e promove o bem; por isso, quem quiser servir a Deus, deve ter o espírito alegre".

Com seus confrades, Néri introduziu novos métodos de cura espiritual pouco convencionais: a pregação secular, canções espirituais na linguagem do povo, peregrinações e a celebração diária da eucaristia. As crianças gostavam muito dele, principalmente quando fazia pregações de sua autoria e compunha canções para complementá-las.

Para Néri, a fé é experiência e vivência da prática. Ele tenta transformar a Igreja por meio de sua alegria inata e seu contentamento. As pessoas de sua época buscavam riqueza e prestígio, mas Néri queria que elas voltassem a buscar Deus e O colocassem novamente no centro de suas vidas.

Em sua recém-fundada ordem dos jesuítas, Inácio de Loyola queria promover a renovação espiritual usando certo rigor, mas Néri apostava em sua própria força para estimular as pessoas à conversão por meio do humor e da alegria. Dizia ele: "É mais fácil levar os alegres ao caminho da vida espiritual do que os sérios".

Com a vivência da alegria, ele tentou enfrentar e superar o pior mal de seu tempo: a vaidade. Para Néri ,a humildade era tão importante que ele nunca aceitou a função de cardeal, oferecida a ele por vários papas de quem foi conselheiro.

A história seguinte mostra bem a postura de Filipe Néri em relação à arrogância e à vaidade.

Uma vez Filipe recebeu do papa a incumbência de fazer um teste com uma freira, a qual era considerada santa pelas pessoas do lugar. Quando ele visitou o convento e inquiriu a abadessa e outras irmãs, elas confirmaram todos os relatos. Então, Filipe decidiu ele mesmo formar uma imagem da freira. Quando ela foi trazida ao recinto, ele não a cumprimentou, mostrou-lhe suas botinas sujas de lama e fezes de animais e pediu-lhe que as tirasse de seus pés. A "suposta futura santa" recuou horrorizada e clamou: "Como o senhor ousa exigir uma coisa dessas de mim, não sabe quem eu sou? O que pensa de mim? Sou uma criada do Senhor, não estou aqui para descalçar as botinas sujas de quem quer que seja!" Sorrindo, Filipe se levantou, saiu do convento, montou em seu cavalo e retornou à presença do papa. Então lhe declara: "Essa irmã não é santa, pois lhe falta a principal característica dos santos, a humildade!".

É uma pequena história, com a qual podemos aprender muito.

Como suas reuniões e missas foram ficando cada vez mais frequentadas, Filipe acrescentou um recinto à nave da igreja para que todos os convidados e correligionários pudessem se acomodar confortavelmente. Nesse assim chamado "oratório" surgiu uma comunidade de hábitos de vida e de oração, uma comunidade residente, em que as pessoas, além de conversar sobre filosofia e teologia, também oravam, celebravam e cantavam.

Esse oratório era o local mais importante para Filipe Néri, era onde ele também compunha canções de temática espiritual. O conceito de "oratório" como uma forma musical deriva disso. No ano de 1552 ele fundou a "Congregação Sacerdotal Mundial dos Oratorianos", confirmada e reconhecida pelo papa em 1575.

O palhaço da confiança

Confiar deriva de "fiar-se em algo", fiar-se no outro, estar com ele, inclusive na tristeza e no luto, e dar-lhe uma "fiança". Justamente nos relacionamentos é importante que exista confiança mútua. Quando não há confiança, o relacionamento começa a balançar. O oposto de confiança é desconfiança, e com a desconfiança se inicia o fim de todo relacionamento. Ao lado do amor, a confiança é um importante pilar dos relacionamentos bem-sucedidos.

O palhaço da confiança nos mostra que todas as vezes em que ele cai durante a sua apresentação no picadeiro do circo (ou da vida), ele sabe que é apoiado pelo público e animado por ele a prosseguir até que sua obra de arte chegue ao fim e ele receba os merecidos aplausos.

Considerar a confiança como fundamental nos relacionamentos também significa aceitar o outro como ele é, conhecer seus erros e suas fraquezas, e, mesmo assim, confiar nele. Também significa poder deixar o outro, a pessoa em quem confio, simplesmente ser como ela é, e poder separar-me dela quando for preciso. Assim como os pais sempre devem fazer com seus filhos. E no momento mais triste da vida colocar nas mãos de Deus as pessoas queridas, as pessoas de nossa confiança, deixá-las partir e entregá-las a Deus.

Quero convidá-lo a se soltar, como o palhaço da confiança, junto às pessoas em quem você confia, e depois deixar-se amparar. E isso sempre que não estiver se sentindo muito bem, mas também quando estiver especialmente bem disposto. A confiança mútua não é necessária apenas em momentos de crise, mas também em momentos felizes, quando deve ser celebrada. Você, seus amigos e o palhaço da confiança, todos merecem muitos aplausos.

No mesmo ano (1575) Neri começou a construir a "Chiesa Nova", uma igreja imponente, que só foi concluída dez anos após sua morte. Até hoje encontram-se ali seus restos mortais, preservados num esquife de ouro. Uma grande multidão compareceu ao seu enterro em 1595, para prestar a última homenagem ao seu "pippo buono", o "bondoso Filipe". Ele foi proclamado beato em 1615, e santo em 1622.

Ele ainda está muito presente na consciência das pessoas de hoje, pois muitos hospitais, instituições e entidades sociais levam seu nome. As pessoas que trabalham em circos devotam-se ao reformador daquela época, por causa de sua coragem, seu sereno despojamento e seu humor. Em Filipe Néri torna-se evidente que ele não se achava tão importante assim, mas que colocava no centro de sua vida e de suas ações a palavra que anunciava às pessoas. Ele era de fato o anunciante de uma mensagem alegre, e que trazia felicidade às pessoas.

Na ordem jesuítica que fundou, Inácio de Loyola escolheu o caminho dos exercícios para levar a mensagem de Deus às pessoas. Exercícios como a introspecção e o contato com Deus, nos quais posso me entregar a Ele livre das influências externas – um caminho que me leva ao meu centro, à minha verdadeira essência.

Para nós, pessoas de hoje, os exercícios conjugados com o humor poderiam abrir a possibilidade de uma nova relação com Deus, na qual as dificuldades do dia a dia recuassem a um segundo plano e o indivíduo pudesse se envolver mais com a alegre mensagem de Deus.

Com base no fundamento de Inácio de Loyola e também no de Filipe Néri, o psicólogo, teólogo e terapeuta gestaltiano Thomas Holtbernd (nascido em 1959) ousou mostrar, em seu livro *Humorzitien – Die etwas Anderen Exerzitien*[9] ("Humorcícios" – exercícios um tanto diferentes) o caminho para fora da existência sombria vivida pelo humor e o riso na história cristã do humor. Em seu prefácio ele escreve, entre outras coisas: "Não afirmo ter encontrado uma definição (de humor) definitiva, nem quero mostrar o único e verdadeiro caminho ao humor. Minha intenção é apenas fornecer indicações para um dia a dia com mais humor. Para mim, isso significa uma postura de vida otimista e alegre, no sentido da arte de viver. (...) Os 'humorcícios' são um caminho de exercícios para pessoas que querem desenvolver seu otimismo, sua alegria, seu humor e sua feliz espiritualidade. A tese básica desses exercícios alegres é que podemos nos decidir a levar uma vida feliz servindo a Deus, e trabalhar nisso".

Se Deus não tivesse tido humor, será que ele teria nos criado, nós seres humanos? A sabedoria da vida no aconselhamento e no acompanhamento das pessoas por meio de exercícios ou de "humorcícios", com textos, pensamentos e perguntas que nos acompanham ao longo do ano ou do dia, e dos quais podemos obter estímulos para

9 Holtbernd, Thomas: *Humorzitien - Die etwas Anderen Exerzitien*, Munster 2005, p. 5.

pensar e rir, interiorizar e refletir conscientemente sobre nosso dia a dia, é atualmente um novo caminho da tradição cristã, um caminho que vale a pena seguir.

Então até poderia estar correto o que o filósofo Friedrich Nietzsche (1844-1900) disse, uma vez, apropriadamente: na verdade, deveríamos conseguir ver no cristão a sua redenção.

Sugestões de estímulos para o dia a dia

- Hoje vou me concentrar especialmente em manter um sorriso no meu rosto e abordar as pessoas com muita gentileza;
- Sinto-me o portador de uma alegre mensagem, e ao escolher as palavras nos meus encontros com as pessoas, terei o cuidado de tornar visível e perceptível essa alegre mensagem por meio das minhas ações;
- Prometo a mim mesmo encontrar alguma coisa engraçada para dizer, em cada hora do dia, algo que me faça sorrir.

Ponto de observação: A função ratificadora do humor

A função ratificadora do humor visa alcançar o buscador no nível emocional quando, por exemplo, damos risada juntos de alguma coisa. Com isso pode-se produzir, para ele, uma confirmação: "De fato isso me faz rir", "Nem tudo é tão ruim", "Isso não é tão horrível assim", "A situação não é um beco sem saída", "Vale a pena continuar lutando" etc.

Isso não quer dizer que ratifico o seu comportamento ou seu ponto de vista, ou que neste caso, eu tenha a mesma opinião que ele.

Na função ratificadora do humor eu o animo a dar o próximo passo, em seu dia a dia profissional ou seu questionamento relativo à profissão. Com isso, o caçador abre novos ângulos de visão e novas possibilidades de soluções, em seu contexto profissional e pessoal.

O Humor na medicina, com o exemplo do médico-palhaço Hunter "Patch" Adams

O palhaço da saúde

Você já viu algum palhaço doente? Consciente ou inconscientemente associamos ao palhaço alguém que está sempre saudável e faz os outros darem risada. Nem imaginamos que o palhaço talvez sinta uma dorzinha aqui e ali, que ele sofra com alguma coisa ou até esteja gravemente enfermo.

Só uma boa saúde combina com o palhaço, do jeito que gostaríamos de vê-lo sempre?

Se as coisas são assim, o que o palhaço faz, e o que talvez nós não fazemos, para estar sempre saudável? Cada vez mais chego à conclusão de que a saúde do palhaço tem a ver com uma postura abrangente, com a coordenação de corpo, espírito e alma, e uma responsabilidade em relação a si mesmo.

Justamente na sociedade atual de bem-estar do mundo ocidental, em que podemos comer e beber tudo o que desejamos, em que podemos comprar quase todos os produtos que apreciamos, em que as pessoas que trabalham em escritórios não praticam muita atividade física, em que existem médicos para todas as especialidades da medicina e em que muitas enfermidades são consideradas passíveis de cura, com os remédios certos, parece-me que entregamos a responsabilidade pela nossa saúde nas mãos de outras pessoas. A longo prazo isso se torna estressante, pois os "prestadores de serviços" só nos veem eventualmente - enquanto que eu tenho de passar o dia inteiro comigo, e ninguém mais.

Por experiência própria, posso dizer que só tomei consciência do valor da minha saúde depois de uma grave enfermidade, quando ficou claro para mim que nunca mais poderia fazer determinadas coisas.

O que podemos aprender com o palhaço da saúde? Existem muitas respostas possíveis – portanto, vamos começar com algumas das mais importantes.

Com o palhaço podemos aprender a dar atenção ao próprio corpo, aos avisos de determinados sinais do corpo, que me mostram seus limites e assim evidenciam que: "Você deveria olhar melhor para isso, com mais cuidado, ou dar mais atenção a isso!". Lidar conscientemente com os próprios recursos, com os próprios limites, manter uma alimentação equilibrada e uma movimentação adequada, são coisas que podemos aprender. E também ouvir nossa voz interior, a voz de Deus em nós, a voz que nos conclama a cuidar carinhosamente e a preservar o bem maior, o valor maior que ele nos deu de presente.

É a nossa saúde – vamos fazer algo por ela.

O Dr. Hunter "Patch" Adams (nascido em 1945) formado em medicina, o "inventor" dos palhaços-clínicos, atualmente em atividade no mundo todo, em clínicas, asilos e áreas de conflito, define a si mesmo como um ativista político. Ele é um homem do humor que não quer excluir a assim chamada medicina clássica, mas que também acredita nas forças de cura de cada indivíduo por meio do riso e do humor. Com isso ele já teve muitos problemas, mas seus estudos científicos e suas atividades bem-sucedidas, sua visão abrangente do ser humano como unidade de espírito, corpo e alma, dão razão a ele.

Com seu humor, suas brincadeiras, sua compaixão e seu amor pelo mundo, ele simplesmente se constitui numa personalidade apaixonada e entusiasmada, que contagia as outras pessoas com suas visões e lhes aponta novos caminhos. Com a filmagem de sua vida no ano de 1998, tendo o ator Robin Williams no papel principal, ele conquistou fama mundial e atraiu a atenção para seus projetos.

O palhaço das visões

Na interação com seu público, quando está no picadeiro, o palhaço desenvolve uma visão do que ele quer mostrar aos seus espectadores, para onde ele quer levá-los. Sua representação torna-se diferente a cada dia, e seu efeito também. Essas visões dão a ele e ao seu público uma força muito grande. Elas agem de forma envolvente, liberam novas energias e possibilitam a criatividade.

Nelas também sempre se reflete algo dos nossos desejos. Ansiamos por algo novo, e por meio da visão criamos a coragem de nos abrir interiormente, e a essa abertura interior geralmente se seguem ações concretas. Elas são a luta interna em direção a uma meta.

As visões tornam nossa vida mais interessante e colorida. Sobretudo, quando dividimos com os outros nossos sonhos, esperanças e anseios, podemos desenvolver e construir com eles algo em conjunto. Ter visões também significa sempre ter em vista a realidade, para não construirmos castelos no ar.

O palhaço das visões nos convida a dedicar um tempo concreto para as seguintes questões:

- Onde, em que lugares, as minhas visões, minhas molas propulsoras da criatividade poderiam estar escondidas?
- O que espero e o que desejo para minha vida, como próxima etapa?
- Que fogo eu sinto arder em mim, o fogo que almeja ser (novamente) ativado?
- Como eu posso realizar meus sonhos, esperanças e anseios?
- Para onde me levará meu próximo passo criativo, e qual a sua aparência concreta?

Um planejamento criativo pode nos dar muita energia e excitação. Nós e nosso ambiente ao redor sentimos que as visões são autênticas e se tornam plenas do Espírito Santo e do hálito da vida. Assim como as visões do palhaço e seu encantamento atraem o público deixando-o atento, nossas visões também precisam de uma meta à qual se direcionar em sua atuação concreta. As visões incentivam as comunidades e muitas vezes formam novos círculos sociais ou de trabalho na vida.

Vamos reavivar o fogo que arde (novamente) em nós e nos presentear, nós e os outros também, com muito calor humano e confiança.

Para entendermos melhor a pessoa Patch Adams, citarei alguns trechos de uma entrevista feita por Roland Schutzbach, um filósofo, músico e terapeuta nascido em 1948:

> "Na juventude ele foi um rebelde contra o espírito mercenário da medicina nos Estados Unidos, e desde então, há mais de 30 anos, ele persegue a meta da sua visão de um 'hospital de bobagens'. Ele acredita na força curadora do humor e preocupa-se cada vez mais com a sobrevivência da humanidade."[10]

Adams fala de si mesmo nessa entrevista: "Começamos com um único hospital na Virginia Ocidental e agora estamos em atividade em mais de 40 países. Estamos ampliando nossa atuação, e achamos que um dia tudo (o mundo) será um grande hospital. (...) Agora existem palhaços nos hospitais do mundo inteiro (e também escolas de palhaços). É o nosso trabalho. Em um mês ouvi

10 Internet: ‹*www.*hahahahaha.org/Studienmaterial/dintad.htm›, consultado em setembro de 2009.

doutores, estudantes de medicina e enfermeiras de uns 30 a 50 países dizerem: 'Precisamos de mais empatia nas nossas práticas'. Esse é o nosso trabalho".

Na página da internet do provedor ARTE encontrei uma descrição apropriada do lema de vida e das visões de Patch Adams. O autor dessa Vita, da qual cito alguns aspectos importantes, é o executivo da PR Bernhard Dostal de Viena. "Ser excessivamente feliz é o lema de vida do Dr. Patch Adams. Baseado no reconhecimento de que todo dia vivido é um motivo para ser feliz, o alegre médico não vivenciou mais nenhum dia ruim, nos últimos 35 anos. Sua meta é a mudança da sociedade, sua 'arma' o humor, o amor, o serviço e uma fantasia de palhaço".[11]

Durante sua juventude, ele se envolveu na luta pelos direitos civis dos negros nos Estados Unidos, denunciou o sistema de saúde e as diferenças nos métodos de tratamento aplicados às pessoas. Ele é médico, visionário, revolucionário e palhaço. Para ele, o médico e o palhaço têm algo muito determinante em comum: eles enfrentam o sofrimento, quando a maioria das pessoas foge dele ou fica paralisada. Sua força propulsora é a compaixão e o calor humano, que se revela numa imensa felicidade e num bom humor, em sua verdadeira missão, que é aproximar as pessoas. Eu já assisti ao filme umas cinco vezes e sempre dei risada de muita coisa, mas em algumas situações também chorei.

11 Internet: ‹www.arte-tv.com/de/wissen-entdeckung/TV›, consultado em setembro de 2009.

O palhaço do riso

"Rir é saudável" e "um dia em que você não deu risada é um dia perdido" – são algumas citações que conhecemos muito bem. O palhaço que dá risada quer nos ensinar a olhar para os verdadeiros sentimentos que existem dentro de nós. Não um riso falso, um riso de simples gentileza ou educação, um riso de escárnio, ou um riso de imitação, mas um riso que vem da parte mais profunda da alma. O que existe na minha vida, e na sua, para se dar risada? Onde está escondida a sua e a minha alegria, onde ela quer irromper, através dos bloqueios do sortilégio? Onde você quer, onde você pode, onde eu quero e onde posso ser um palhaço risonho neste mundo e contagiar os outros com uma risada autêntica?

Quando estamos no circo e damos risada das artimanhas do palhaço brincalhão, conseguimos, por um instante, criar um distanciamento da nossa vida do dia a dia, das nossas preocupações e aflições. Naquele instante somos levados a não considerar as coisas com tanta seriedade, e a dar risada do fundo do coração. Mas, infelizmente, aquele instante de relaxamento com o palhaço do circo é bem diferente do circo da nossa vida diária. O que podemos fazer para dar risada do fundo do coração e conseguir manter aquele distanciamento das questões da nossa vida, e que nos torna mais saudáveis?

Em nosso mundo barulhento e atribulado existe um espaço em você e em mim onde só Deus tem acesso, onde não precisamos fingir, onde podemos ser autênticos, corretos, verdadeiros e sinceros com nós mesmos, e onde também o nosso riso tem um lugar permanente.

O palhaço do riso nos convida a irmos ao encontro de Deus rindo sempre, na trilha da nossa vida pessoal, a nos alegrarmos com Ele e lembrarmos que rir faz bem ao corpo e à alma. Quando existe alguma coisa autêntica em nossa vida da qual possamos dar risada, devemos fazê-lo, pois isso nos liberta e nos torna livres para o que é verdadeiro, fundamental e importante para nós.

Em conjunto a outras pessoas, dedicadas à gelotologia (a pesquisa do riso), Hunter "Patch" Adams fundou a GLAR – *Globale Lach Revolution* (Revolução Global do Riso) espalhada pelo mundo inteiro. Algumas ideias básicas da revolução do riso são:

- Por meio da revolução do riso as pessoas estabelecem um contato com sua alegria interior e com o prazer de viver, e com esse riso libertador elas se transformam;
- Por meio da descoberta do ilimitado prazer de viver as pessoas tornam-se mais saudáveis sob todos os aspectos;
- Com o passar do tempo, as instituições e entidades sociais também se transformam, pois as pessoas passam a viver com mais afeto e alegria;
- Elas se comportam no sentido de transformar, inspirar e ajudar o seu ambiente ao redor;
- Esse comportamento modificado, positivo e alegre exerce um efeito positivo sobre seu trabalho e sua

missão social – a revolução do riso é, sobretudo, também uma revolução do amor.

Vale a pena seguirmos essas ideias, elas certamente também podem ter consequências sobre o trabalho e a sociedade. Quando me relaciono com meu semelhante com o "humor do coração" estarei colaborando para a cura.

Quero concluir este capítulo com uma citação do sessentão Hunter Adams, que consta em seu livro *Gesundheit*! (Saúde): "Técnica de trabalho de um médico maluco: o cômico possui várias caras, e as ideias citadas nos mostram só um pequeno extrato das possibilidades. Eu represento minha própria doidice, para que o riso ocorra em função do contador de anedotas. Os terapeutas que acham que esse gesto não combina com a dignidade de sua posição, têm toda razão, mas não deveriam esquecer que a desumanização de sua prática profissional entrou seriamente no fogo cruzado. Se estiverem muito preocupados com a própria imagem, eu os aconselho a pregar nas costas uma rosa de plástico daquelas que espirra água, como decoração, até que tenham chegado, por si mesmos, à descoberta da sua veia humorística".[12]

12 Adams, Patch/Mylander, Maureen: *Gesundheit!*, Oberursel 1997, p. 83.

O palhaço da arte de viver

Você já observou um artista trabalhando? Desde a ideia que toma forma em sua cabeça, passando pelos primeiros esboços, até a primeira pincelada, no caso de um pintor, ou o primeiro golpe de martelo e cinzel no caso de um escultor?

Ao entrar no picadeiro, o palhaço já refletiu bastante, previamente, para escolher as brincadeiras que pretende realizar com o público e como vai realizá-las. Como será sua apresentação, e como pretende incluir as pessoas nela.

O que talvez pareça casual e desajeitado é apresentado pelo palhaço de tal forma a dar a impressão de ser algo leve e fácil, imediatamente provocando o riso. Ele, o artista de sua apresentação, aposta na leveza e no fato de que as pessoas do público têm tanto humor, que conseguem entender sua brincadeira e acompanhá-la mentalmente.

Assim como o palhaço, podemos aprender muito com as crianças nas coisas ligadas à "arte de viver". Elas experimentam de tudo, sem constrangimentos, colecionam experiências e depois aplicam-nas concretamente, sem grandes planejamentos, sem esboços, sem orçamentos prévios, e assim por diante.

Fiz essa experiência num curso de escultura que durou dez dias: entrei em contato com a pedra e ouvi o que ela tinha a me dizer, o que queria desenvolver. Sem muito planejamento e muitas ideias, eu me abri para aquilo que me foi oferecido pela minha relação com a pedra e a ferramenta. Deixei a mente livre e permiti que o coração falasse por meio das ferramentas.

O palhaço e as crianças escutam o sentimento de seu ventre e não colocam os pensamentos em primeiro plano, mas aquilo que é importante para eles, o que eles experimentam na vida e o que querem alcançar. A arte de viver consiste numa série de coisas que eu sempre quis fazer um dia. Assim como o ratinho Frederick, de um livro infantil do artista gráfico italiano, pintor e escritor Leo Lionni (1910–1999), que coleta os raios de sol para guardá-los para o inverno, e assim poder aquecer seus amigos, o palhaço da arte de viver nos convida a abrir um espaço para nossos sonhos e anseios, vivenciá-los e com isso criar nossa arte de viver pessoal.

A sua e a minha vida são uma obra de arte única, que só você e eu podemos criar e administrar.

Seguramos o lápis, o cinzel ou o barro para criar a obra de arte da nossa vida. É a nossa única missão. Administre a obra de arte da sua vida para que você, como criatura única, encontre o rastro que leva ao seu Deus criador, e se torne o criador de sua vida. Vamos aproveitar essa chance!

Essa é uma missão essencial – encontrar a própria veia humorística, despertá-la e vivenciá-la, e não só ao lidar com as pessoas enfermas, sofredoras e moribundas. Essa é uma das mensagens do Dr. Patch Adams – também em relação aos novos encontros diários com pessoas, em nosso dia a dia pessoal. Você já riu hoje?

Sugestões de estímulos para o dia a dia

- Hoje eu procuro, conscientemente, situações em que possa dar uma gostosa risada, inclusive na companhia de outras pessoas;

- Identifico meus sonhos, esperanças e anseios e abro um espaço para eles dentro de mim;

- Não levo mais tudo ao pé da letra, às vezes deixo as coisas acontecerem;

- Hoje eu me proponho, conscientemente, a não expor mais meu interlocutor, mas apontar-lhe, afetuosamente, com um pouco de jogo de cintura, seus possíveis erros ou descuidos.

Ponto de observação:
A função profilática do humor

A palavra "profilaxia" origina-se do grego e quer dizer "inclinação, propensão". Geralmente usada no âmbito da medicina, significa encontrar medidas para a prevenção de propensões a certas doenças.

Por meio do humor, da risada sobre determinado acontecimento, consigo reconhecer a situação e assim encontrar determinadas medidas de prevenção.

Por exemplo, para o buscador isso quer dizer que, por meio do riso ou da intervenção humorística do terapeuta, de surpreendente visão, ele obtém um conhecimento que o impede de cair mais uma vez na mesma "armadilha", no mesmo padrão de comportamento, e encontre as respectivas medidas de prevenção.

O humor na psicologia

O palhaço da diversidade

O mundo do circo é todo colorido, com suas diversas cores, animais e artistas. O palhaço também é colorido quando, todo maquiado, pisa no palco e encanta seu público. Colorida é também a nossa vida. O espectro das cores – da mais clara até a mais escura – também se aplica à diversidade de nossa vida, em todos os matizes. Desde o muito pobre até o muito rico, desde o menor até o maior, do mais jovem até o mais velho, pessoas negras ou brancas, automóveis pequenos ou grandes, pessoas desempregadas ou fanáticas pelo trabalho, e muito mais. Podemos encher livros inteiros com a diversidade existente no mundo.

A diversidade predomina inclusive no já mencionado mundo do circo. Não só entre os artistas, mas também no público, que se renova a cada espetáculo. E também em cada pessoa, há sempre o predomínio da diversidade, o que torna sua vida bem colorida. A diversidade das diferentes possibilidades, de uma nova escolha a cada dia. O que vou vestir, aonde vou, quem vou encontrar, o que vou aprender, o que vou fazer em minhas horas de lazer? Quanto maior e mais colorida é a diversidade, maior é o número de possibilidades de escolha, e mais necessárias tornam-se as decisões. Só posso vestir uma calça, aceitar apenas um convite para o lazer, programar apenas um encontro, realizar apenas um trabalho... mas eu posso fazer escolhas a partir da diversidade da minha vida. Algumas decisões dependem da minha percepção, do dia e da situação. A partir da colorida diversidade de minha vida, no âmbito do "mercado das possibilidades" é maravilhoso eu poder decidir qual a cor que se aproxima mais do meu atual estado de espírito e administrar minha vida conscientemente a partir dessa diversidade.

O palhaço da diversidade quer convidá-lo a administrar as cores nas diversas situações de sua vida, de modo que a diversidade não se constitua numa sobrecarga, mas enriqueça sua vida e ajude a implantar seus rastros únicos no terreno de Deus.

O humor tem seu lugar assegurado na psicologia de hoje. A pesquisa do humor e dos fenômenos associados a ele passa atualmente por um novo florescimento, e é visto, historicamente, como algo bastante peculiar. O interesse na compreensão do humor é tão antigo quanto a própria ciência, e foi aperfeiçoado depois da pesquisa de seus fundamentos nos anos 1970, por meio da concretização de suas possibilidades de aplicação. Em 1976, foi realizado o primeiro congresso científico sobre "O humor e o riso", em Cardiff, no Pais de Gales. Hoje as questões ligadas à pesquisa do tema referem-se mais à utilidade do riso e do humor, e não mais à sua explicação. Por um lado, o humor é descrito como um dom e uma capacidade da pessoa, por outro ele também engloba a forma como alguém lida com as próprias insuficiências e dificuldades. O atual renascimento do assunto é bastante peculiar, na medida em que, a esse primeiro "Congresso científico sobre o humor", seguiu-se uma certa institucionalização, nos últimos 20 anos. Foi fundada uma sociedade científica, a ISHS - *International Society for Humor Studies* (Sociedade Internacional de Estudos sobre o Humor), que realiza congressos anualmente.

O processo sociopsicológico do humor consiste de quatro componentes. Primeiro o contexto social, que é determinante. Como já descrevemos anteriormente, o humor é um fenômeno que ocorre entre as pessoas, é baseado em cada tipo de interação (de cada sistema e seu *constructo*) e retroage nele. Em segundo lugar, há a participação de um processo cognitivo, como, por exemplo, quando as pessoas reconhecem o humor como tal e definem a situação como não séria, passando a lidar ludicamente com ela. O terceiro componente emocional do humor é a alegria como reação a conversas e eventos engraçados. E, finalmente, por último, podemos ver o riso como um componente que atua de forma poderosa, um sinal quase irresistível.

Uma característica do humor é que ele funciona em situações de interação humana. Naturalmente, também conhecemos situações em que nos divertimos sozinhos e damos risada, mas geralmente tratam-se de situações assim chamadas pseudosociais, quando, por exemplo, damos risada de um bom livro, da cena de um filme, da lembrança de uma situação engraçada, etc. O humor pode assumir toda uma ampla gama de funções sociais, e assim, frequentemente, servir a objetivos bastante contraditórios. Ele pode expressar tanto o acordo quanto a rejeição e a agressão. Em grupos, ele possibilita a cooperação e a coordenação, mas também a rejeição e a exclusão. Do ponto de vista da dinâmica grupal, o humor tem um papel importante na formação e na manutenção da solidariedade e da ligação, inclusive na perda do poder e do status. No nível do relacionamento humano, o humor está sempre vinculado a uma união ou um confronto. O contexto social é o da brincadeira, em que o humor implica em não se levar a sério o que se diz, ou seja, isso pode ser relevado e não tem uma finalidade direta.

Entre os participantes instala-se uma situação agradável, que pressupõe a criação de outras oportunidades com situações semelhantes, posteriormente. Essa convivência alegre possui determinadas funções sociais. Constroem-se relacionamentos próximos, e surgem claros sentimentos de atração e aceitação mútuas. A partir desse sentimento, as atividades e tarefas conjuntas, importantes para a estrutura do grupo, podem ser melhor coordenadas. O riso como fenômeno social expressa uma condição de boa vontade, que é transmitida ao interlocutor, e produz um sentimento agradável, ou seja, uma risada.

O palhaço da ação

Nosso mundo de hoje gira muito depressa, e cada vez mais. As agendas estão lotadas, os compromissos particulares são incluídos nela onde houver espaço, e o dia inteiro já foi previamente planejado, de preferência os finais de semana também. Administração e organização do tempo são as palavras de ordem no mundo do trabalho, e também invadem a nossa vida privada. Será que ainda precisamos de um palhaço da ação? E como seria essa ação?

Ação – *action* - e a coisa começa, - é uma das possibilidades de gerenciamento do dia. O planejamento de ações direcionadas, que enriquecem minha vida e que fazem bem ao meu corpo e minha alma, é outra possibilidade. Com ações direcionadas, o palhaço nos faz rir debaixo da lona do circo. Ele introduz certas ações conscientemente, e nos desafia a um confronto com nós mesmos, à reflexão e a nos administrarmos junto a ele. Quando ele cai desajeitadamente, batendo o nariz no chão, já sabemos que ele não vai conseguir se levantar facilmente, mas vai cair de novo, até finalmente conseguir ficar de pé de algum jeito. Ou ele oscila sobre uma corda imaginária, da qual escorrega o tempo todo, fazendo-nos rir. Isso nos faz bem. Na medida em que damos risada dele, também damos risada de nós mesmos e não nos consideramos mais tão importantes. Podemos relaxar e ao mesmo tempo ficarmos curiosos com a sua próxima ação. De repente, o mundo não gira mais tão depressa, ele para um pouco e o palhaço ousa fazer mais uma tentativa. Ele não desiste, e espera.

Ele se concentra, tenta lentamente dar o passo seguinte, e chega ao seu objetivo.

O palhaço da ação quer convidar você e eu a ouvirmos nossa voz interior, nosso tempo interior e não nos deixarmos apressar, mas a engatarmos uma marcha mais lenta. Eu determino o ritmo do meu dia, minha agenda e meu tempo livre – ninguém mais. Eu sou responsável pelo meu dia, meu prazer e minha frustração, e eu é que coordeno esse dia com o das outras pessoas. Vamos nos deixar levar pelo palhaço da ação à medida correta da *action*, aquela medida que nos faz bem.

Em suas pesquisas os psicólogos sociais descobriram que o humor, por meio de seus mecanismos de influência social, pode ter um efeito minimizador, quer dizer, constituir-se num meio de suavizar as tensões e reduzir os conflitos. Com as pesquisas sociopsicológicas no âmbito dos relacionamentos humanos, pôde-se constatar que o humor também possui um componente agressivo. Esse humor agressivo geralmente aparece em interações com três participantes. A explicação é a seguinte: podemos rir com as pessoas (forma pró-social do humor) ou rir das pessoas (forma agressiva do humor). Geralmente duas pessoas "visam" uma terceira pessoa e divertem-se com ela. Certamente cada um de nós, por experiência própria, já conhece as implicações emocionais disso.

No nível individual, muitas vezes o humor é visto como uma estratégia de defesa psicológica. Isso significa observar as coisas de uma perspectiva diferente, por exemplo, no caso de uma situação desagradável. Essa mudança de perspectiva faz a situação concreta parecer menos ameaçadora, e também mais favorável, até mais divertida.

O nível de estresse diminui, e passamos a ter condições de aplicar uma ideia e uma ação flexíveis, criativas e dirigidas a uma solução.

Em seu livro de 1927, chamado *Der Humor* (O Humor), Sigmund Freud escreve: "Não há dúvida de que a essência do humor consiste em se poupar emoções induzidas pela situação, e desabafar com uma piada, para evitar a possibilidade dessas expressões emocionais".[13] Mais adiante Freud define o humor como um mecanismo de defesa importante, saudável. O objetivo do riso seria transformar dor em alegria. Na piada e na anedota é possível ao ser humano expressar impulsos sexuais e agressivos.

O palhaço da provocação

Quando você vai a um circo e assiste à representação de um palhaço no picadeiro, você também se sente provocado por sua teimosia ou atitudes desengonçadas? Talvez por erros sempre iguais, sua persistência e reconhecimento de que ele não vai mesmo conseguir? Ou até mesmo "críticas" a pessoas do público, escolhidas aleatoriamente?

Em alguns momentos tenho a impressão de que ele está com um espelho na mão preparado para que eu veja, as situações do meu dia a dia refletidas nele. Situações da minha

13 Freud, Sigmund: *Der Humor* (1927). *Em Mitscherlich*, Alexander e.o. (ed): Freud - *Studienausgabe*, vol. 4. *Psychologische Schriften*. Frankfurt/Main 1969-1975, pp. 275-282.

família, minha comunidade, meu local de trabalho, a comunidade da minha igreja, minha escola, minha associação...

Situações em que sou provocado, e em que também provoco os outros por meio do meu comportamento. Geralmente, começo a desvalorizá-los, mentalmente. Então a provocação passa a ter para mim um certo sabor residual. No entanto, as características aqui descritas, do palhaço que provoca seu público não são negativas. Provocar alguém também quer dizer tirá-lo do banco de reservas, ver o que ainda há nele, quais os talentos que possui, e que talvez nem ele mesmo conheça.

A provocação também tem a ver com confrontação. Eu seguro um espelho à sua frente e lhe mostro como eu o vejo, o que acho de você e o efeito que você exerce sobre mim.

Nessa confrontação sou provocado a penetrar num território interior novo, desconhecido, a não analisar tudo apenas com a cabeça, mas a agir intuitivamente e a descobrir coisas novas em mim e nos outros.

O palhaço da provocação convida você a uma nova aventura do encontro, na qual às vezes você é provocado, no circo da vida, a manter o olhar atento a novos talentos e padrões ocultos. Mas ele também o convida a provocar com afeto e acolhimento às pessoas à sua volta, e enviá-las em busca do tesouro de seus talentos ocultos.

Do ponto de vista psicológico, dividimos o humor em dois contextos de significado:

- Como postura da pessoa em relação a si mesma e o mundo, que influencia sua autoimagem e sua imagem do mundo, também chamado de contexto intrapsíquico;

- Como modo de comunicação e interação com outras pessoas e o ambiente ao redor, também chamado de contexto interpessoal.

Esses dois contextos contribuíram para que o ser humano não continuasse sendo encarado apenas como deficitário, mas para que se lançasse um olhar mais aguçado sobre seus próprios recursos e processos positivos de (auto) cura.

A psicologia dos últimos cem anos – desde a produção intelectual e a atuação de Sigmund Freud – é marcada essencialmente pela busca da causa das enfermidades psicológicas e a eliminação dos sofrimentos do cliente, como por exemplo, as neuroses, psicoses, compulsões e os temores.

Nos últimos anos, desenvolveu-se um novo campo no âmbito da psicologia e de suas diversas vertentes terapêuticas: a *Psicologia Positiva*. O precursor e força propulsora desse tipo de pensamento é o professor americano de psicologia Martin Seligmann, nascido em 1942. Ele enfatiza sempre que as pessoas não devem ser tratadas de acordo com suas enfermidades, mas antes de tudo deve-se pesquisar, descobrir e promover o que torna essas pessoas psiquicamente estáveis e felizes.

A Psicologia Positiva coloca três fatores em seu ponto central: as emoções positivas, o caráter positivo e as estruturas positivas. As *emoções positivas* são os sentimentos, como por exemplo, esperança, alegria, felicidade, aceitação, acolhimento, confiança, gratidão, prazer, autoestima, dedicação e otimismo. No trabalho científico busca-se uma forma de produzir, fortalecer e manter esses sentimentos. No *caráter positivo* são pesquisados os pontos fortes e as virtudes que podem produzir, a longo prazo, as emoções positivas descritas. As seguintes características são bons exemplos disso: calor humano, senso de humor, empatia, amor ao próximo, prudência, honestidade, probidade, coragem, perseverança integridade, paciência, consideração, modéstia, tranquilidade... Os cientistas procuram os traços de caráter que possam produzir emoções positivas, e como podem ser formados e fortalecidos.

Quando o maior número possível de pessoas desenvolve um caráter bom e saudável, as emoções positivas surgem naturalmente em nós e nos outros. Determinados eventos na política, na sociedade e na Igreja ajudam as pessoas na formação de traços positivos de caráter. Então os cientistas pesquisam as estruturas que produzem um caráter positivo, e dão conselhos para a formação e o desenvolvimento de *estruturas positivas*.

O palhaço dos talentos

Costumamos dizer, de uma pessoa que tem talento, que ela tem habilidades nisso ou naquilo, que tem jeito para a coisa, ou até que possui um dom. Falamos assim dos outros. Você já pensou, alguma vez, em falar dos seus talentos a si mesmo ou às pessoas queridas à sua volta? Quando interpretamos a palavra "talento" como um dom, como por exemplo, viver com "doação", ou dedicação, também podemos falar de nossos talentos.

O palhaço dos talentos sempre aplica seus dons com finalidade ou espontaneamente. Com uma profunda dedicação, ele conduz seu público ao riso, à tristeza, ou ao suspense. Ele faz com que o público esqueça seu dia a dia por um tempo, e o conduz ao mundo do circo – que nos faz sonhar com a liberdade.

Costumamos dizer, de um palhaço, que ele possui muitos talentos ou também que parece ter sido abençoado. Mesmo com toda dedicação, o palhaço pode cair de cara no chão, no picadeiro, e provocar nosso riso e nossa alegria quando se levanta de novo e faz a tentativa seguinte. Ele representa com toda a dedicação que devota a nós, e para nós, seu público. Durante um seminário com o título "talentos-chances-objetivos", fomos solicitados a produzir, para nós e às pessoas à nossa volta, um "livro dos talentos e dos pontos fortes", no qual descrevemos vinte pontos fortes ou talentos, nossos ou da pessoa querida próxima a nós.

Faça isso também: sente-se com calma num local tranquilo e tente registrar por escrito vinte pontos fortes seus, e guardar esse livro dos talentos ou pontos fortes como seu tesouro, que servirá no futuro como um posto de abastecimento no seu dia a dia.

O sucesso possui sempre cinco letras: F-A-Z-E-R. Isso nós podemos aprender com o palhaço dos talentos: Simplesmente faça!

É uma postura que produz coragem e direciona seus recursos pessoais e seu empenho às soluções, sempre mais do ponto de vista do aconselhamento e do acompanhamento, e não só no sentido psicológico.

Possíveis sugestões para o seu dia a dia

- Quais as emoções positivas que quero encontrar hoje?
- Observarei meus traços de caráter e escolherei um traço positivo que vivenciarei especialmente neste dia;
- Onde implantarei estruturas positivas hoje – no âmbito privado e/ou profissional?
- Prestarei atenção conscientemente nos "presentes de aprendizagem" que receberei hoje, e os assumirei positivamente no meu dia a dia.

Pontos de observação:
A função psico-higiênica do humor

A palavra "psico-higiene" vem do grego e define o estudo da saúde da alma. As principais tarefas da psico-higiene postuladas por Clifford Whittingham Beers e Adolf Meyer em 1908 são válidas até hoje:

- Cuidar da manutenção da saúde mental, prevenir doenças mentais e dos nervos assim como de condições deficitárias;

- Cuidar e tratar dos psiquicamente enfermos;

- Explicar o significado das anomalias psíquicas em relação aos problemas da educação, da vida econômica, da criminalidade e no geral, das formas de comportamento humano. Essas tarefas devem ser realizadas por meio da promoção da assistência social e da parceria com instituições beneficentes públicas e privadas.

Em processos de aconselhamento é bom e saudável também as pessoas darem risada da própria "desgraça". Rir é uma válvula de escape que tem um efeito libertador e purificador sobre os relacionamentos, como costuma dizer a voz do povo: a tempestade purifica o ar. Rir e chorar são coisas que "lavam" a alma, o psiquismo. Quando conseguimos rir de nossa "desgraça", estamos dando um passo importante na direção da cura. Por meio do riso a pessoa recupera a consciência de seus próprios recursos e começa a cuidar bem de si mesma.

O humor no acompanhamento ao luto

O palhaço da tristeza

Se observarmos com mais atenção o palhaço no circo, perceberemos que a alegria e a tristeza estão lado a lado em sua representação. Quando ele nos convida a rir, damos risada junto a ele; quando ele fracassa em seus esforços e vai ficando cada vez mais triste depois de repetidos fracassos, ficamos tristes com ele. No início ainda podemos dar risada, quando ele cai de cara no chão, mas se observarmos a nós mesmos e o público com mais atenção, veremos como as emoções podem mudar - do riso, passando pela compaixão e chegando até a tristeza de ver que ele ainda não conseguiu seu intento.

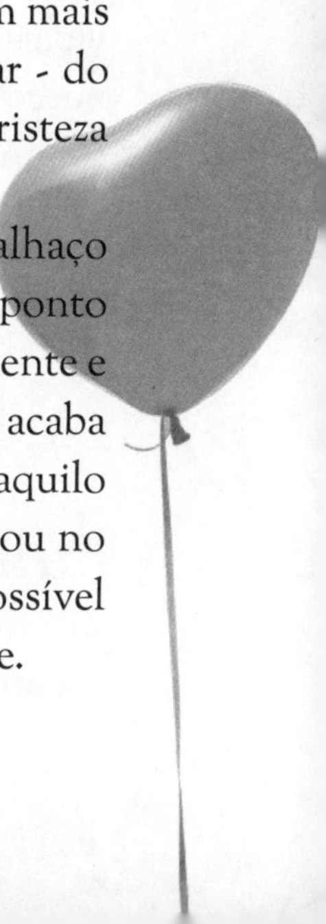

Na interação com o público, um bom palhaço acaba conseguindo facilmente criar um suspense, a ponto de reconduzir os espectadores ao riso, cuidadosamente e sem que percebam, na medida em que no final ele acaba conseguindo seu intento. Talvez não exatamente aquilo que havia se proposto (e do modo como o imaginou no início), mas ele assume a situação modificada, impossível de concretizar, e extrai dela o melhor que consegue.

É assim que nos sentimos em despedidas, perdas e situações de luto. Imaginávamos algo diferente, em nosso trabalho, nas amizades ou parcerias. Não queríamos nos despedir, ou pelo menos não desse jeito, das pessoas que nos deixaram, por morte ou outros motivos.

Mas aprenderemos a viver com as despedidas, a lamentá-las e transformá-las em algo novo. Nada será mais como antes, porém, assim como o palhaço, poderemos perceber lenta e constantemente que o novo é possível, sem esquecermos o velho. Perceberemos que os sentimentos se transformam sem caírem no esquecimento, e que depois da fase de luto podemos criar novas possibilidades de vida, diferentes das que havíamos desejado, mas que nos possibilitam continuar vivendo.

Em seu poema "*Stufen*" (Etapas), Hermann Hesse (1877-1962) descreve isso da seguinte forma: "(...) cada vez que a vida o chamar, o coração precisa estar preparado para a despedida e o recomeço (...) – portanto, ó coração, despeça-se e cure-se". O palhaço da tristeza quer nos convidar a nos despedirmos, curar-nos e com isso levar conosco o que há de bom em nosso coração, pelo restante do caminho de nossa vida. Um sentimento consolador.

Luto e humor:
à primeira vista duas coisas contraditórias

De certo modo, polos opostos, é o que nos parece. Assim como amor e ódio, alegria e dor estão muito próximos - para mim o humor e o luto estão estreitamente ligados.

Há muitos anos sou membro do movimento manicomial e presidente da *Verein Lebens- und Trauerhilfe* (*Associação de Auxílio à Vida e ao Luto*). Por meio da minha atividade de mais de 15 anos na diretoria de um asilo de idosos, pude acompanhar muitas pessoas no último período de suas vidas. Ver como os idosos parecem relaxados, satisfeitos, confiantes, e muitas vezes alegres, não foi um consolo apenas para mim, naquelas difíceis horas da despedida. Para os parentes é importante que consigam administrar uma "boa despedida" de seus entes queridos, que encontrem uma forma de deixar os falecidos partirem em paz. Quando isso não acontece, permanece, para os enlutados, uma "saudade" não resolvida. Então, no acompanhamento, deve-se encontrar um ritual para que essa despedida possa se completar na mente e no coração.

Tão importante quanto uma boa despedida é falar sobre o ente querido que não está mais fisicamente presente, e lembrar-se dele.

O palhaço do desapego

No mundo do "querer possuir tudo" precisamos aprender a nos desapegar. Mais alto, mais depressa, mais longe e mais rico. Quanto mais eu possuo, mais valioso eu sou. Será que isso está certo? Será que eu me identifico com essas superficialidades, ou meus valores interiores são de fato importantes para mim? O que conta na minha vida profissional em comparação com meus amigos e colegas ou minha família? Uma casa (ou várias), um automóvel (ou dois), no mínimo umas férias incríveis por ano, a roupa mais atual e de grife, e naturalmente uma decoração da casa que esteja "in", ou seja, na última moda - ou será que para nós o que conta é de fato algo que não podemos comprar com dinheiro?

Sem palavras, o palhaço geralmente nos leva ao essencial.

Como "minimalista" das palavras, ele nos mostra, com sua própria mímica e gesticulação, o que importa de fato. Ele se desapega do que o impede de chegar ao próprio eu. Em primeiro lugar, ele se faz de objeto de divertimento com suas palhaçadas, e geralmente carrega uma mala, com aquilo que é importante para ele e do que precisa para viver.

Será que as coisas importantes para mim cabem numa mala? Uma vez, em alguns exercícios com meu conselheiro espiritual, recebi a incumbência de visualizar mentalmente minha casa, o espaço em que vivo, e escolher apenas dez coisas para levar comigo, dez coisas importantes para mim, e depois partir numa longa viagem. Não consegui me lembrar de dez coisas que eu gostaria de levar. E você? O que você conseguiria deixar para trás, e o que é importante em sua vida? O que é o mais essencial, que dá suporte a mim e a você? O palhaço em você convida-o a refletir e aguçar sua percepção: o que eu posso e quero largar, e o que eu quero manter para o próximo passo em meu caminho interior?

Em muitos lugares ainda existe a tradição do cafezinho depois do enterro, antigamente chamado de "lanchinho do finado". Uma bela tradição, na qual se contam muitos acontecimentos e anedotas da vida do falecido. Em todo lanchinho do finado, mais cedo ou mais tarde as pessoas dão risada de alguma lembrança engraçada sobre o morto, e isso as alivia. Isso facilita o trabalho do luto e provavelmente, pela primeira vez, tira o peso da despedida definitiva.

Na verdade, o que é o luto? Qual é a expressão e a definição que podemos aplicar a ele? Numa tese de pós-graduação que ajudei a orientar, cujo tema era "refletir sobre o próprio luto", os participantes receberam a seguinte "anotação básica", solicitando uma complementação pessoal. Essa anotação foi feita pelo capelão hospitalar Toni Straeten (nascido em 1947). Ele conclui: "O luto diz respeito ao ser humano como um todo. O luto é uma reação às perdas no processo de uma vida. É uma reação abrangente, sob o ponto de vista físico, anímico, social e espiritual. O luto faz parte da vida assim como a alegria. Ele é parte integrante e missão de toda vida humana. O luto é o "padrinho de toda despedida", e eu acrescento – também de todo recomeço.

Juntei outras afirmações dos participantes da tese sobre o significado do luto, e reproduzo-as aqui:

- O luto é um caminho que se trilha em espiral;
- O luto é um labirinto que me leva ao meu centro;

- O luto é risco e chance ao mesmo tempo;
- O luto é a vivência da despedida e o recomeço;
- O luto é o pranto da alma;
- O luto é diferente de pessoa a pessoa, conforme a perda de cada uma;
- O luto não pode ser comparado nem avaliado;
- O luto é apreciação;
- O luto é o aprendizado do desapego;
- O luto é um processo criativo que produz uma reordenação e reorientação na vida;
- O luto leva ao nascimento do novo.

Em seu livro *Trauer erschliessen* (*Desvendando o luto*) a cientista educacional holandesa Ruthmarijke Smeding desenvolveu um modelo de fases para o acompanhamento dos enlutados, e que ela inicia com a frase: "*O buraco em que eu caí tornou-se a fonte da qual eu vivo*".

O modelo se constitui das diversas fases que se desenvolvem na forma de uma espiral e podem retornar sempre. "Em contraste com as fases das marés ou das estações do ano, as fases do luto não retornam regularmente num determinado ritmo. Elas são imprevisíveis.

(...) As fases do luto, com exceção do período de recolhimento, não são atravessadas apenas uma vez, mas podem retornar sob diversas formas e diferentes durações. (...) A essência do modelo "desvendando o luto" são as experiências diárias dos enlutados."[14]

As quatro fases que ela mostra em seu livro, nas quais os envolvidos se revelam, estão no centro do modelo: o período de recolhimento, o período de duplicidade, o período do labirinto e o período do arco-íris. Mas entrar em maiores detalhes sobre essas fases seria extrapolar o nosso tema.

Quero apenas falar brevemente sobre a fase do arco-íris. É quando as cores retornam lentamente à vida do enlutado, tanto as cores claras quanto as escuras. Nela iniciam-se aqueles momentos nos quais o enlutado dedica-se novamente à vida, nos quais ele também pode voltar a dar uma boa risada, a se lembrar com muito humor e relaxamento dos belos e não tão belos acontecimentos da vida em comum; é a fase em que a perda ainda dói, mas ele já se abre a uma nova etapa da vida. No entanto, não existem processos de luto e acompanhamento de luto apenas na mais difícil de todas as despedidas, a perda de um ente querido.

Todas as pessoas também já passaram por outras situações de despedida e de luto, nos divórcios, na separação ou no fim de um relacionamento, na desistência da ligação a uma ordem religiosa ou de um sacerdócio, na passagem a novas situações de vida – por exemplo, na passagem da

14 Smeding, Ruthmarijke/Heitkönig-Wilp, Margarete: *Trauer Erschliessen. Eine Tafel der Gezeiten*, Wuppertal 2005, pp. 140-144.

vida escolar à vida profissional, na perda ou mudança de um emprego, no assédio moral... e muitas outras pequenas despedidas da vida diária. Às vezes o que acontece comigo (e certamente não só comigo), é que começo a encarar todos esses processos de despedida e de luto como um fracasso.

Mas a transformação desse fracasso só é possível quando vivencio todo o respectivo processo de luto, com todas as suas fases – para que ele me leve de volta à vida, a uma nova vitalidade.

O palhaço do fracasso

O palhaço é um mestre do fracasso, ele usa todo fracasso como uma chance de se reerguer. Os sapatos são grandes demais, as cadeiras pequenas demais, as cordas bambas altas demais... parece-nos que o palhaço fracassa nas mínimas coisas – para alegria de seu público. Mas ele não desiste, tenta sempre de novo, usa o aplauso e a animação dos espectadores para novas investidas, que sempre terminam de forma catastrófica. Mesmo assim ele – o palhaço que nos conquistou – levanta-se de novo, e no final consegue seu intento, não de forma elegante e perfeita, mas do seu jeito próprio, particular. Do jeito que ele é, com todas suas habilidades, ele fracassa e mesmo assim é um vencedor. O coração do público e a crença em si mesmo fizeram com que ele aproveitasse, conscientemente, qualquer nova chance. O lema de sua vida poderia ser: "*Yes, I can!*" (Sim, eu posso!).

O que acontece com você e comigo quando nos sentimos fracassados nas pequenas e grandes situações? Enfiamos a cabeça na areia ou "cuspimos nas mãos" - falando em sentido figurado - e criamos coragem para outra investida, aproveitando uma nova chance?

Porém, alguém sempre está ao nosso lado, não importa a situação em que nos encontremos: DEUS. Com sua ajuda e confiança Ele nos inspira a autoconfiança, e a força de usar a chance do fracasso para nos reerguermos: *Yes, you can!* (*Sim, você pode!*).

O padre beneditino Anselm Grün (nascido em 1945), em seu livro *Gescheitert? Deine Chance!* (*Fracassou? É a sua chance!*) escrito em parceria com a pedagoga social Ramona Robben (nascida em 1958), diz o seguinte: "É parte do processo de luto deixar que aflorem em mim os mais diversos sentimentos, a raiva, a dor, a tristeza, a impotência. Preciso encarar todas as mágoas mais de uma vez, e permitir que a dor se expresse. Às vezes a dor posterior à mágoa é maior do que no momento em que fui magoado. Pois na ocasião ainda não havia percebido claramente a extensão da mágoa, o quão injustamente eu havia sido tratado. Os sentimentos mudam todos os dias. (...) O processo de luto transcorre em etapas. (...) O processo de luto precisa de seu tempo próprio. (...) Mas não apenas eu, como o 'fracassado', preciso ficar enlutado. O cônjuge também, a família, a empresa, a ordem religiosa, todos precisam participar do processo do luto".[15]

15 Grün, Anselm/Robben, Ramona: *Gescheitert? Deine Chance!*, Munsterschwarzach 1999, p. 119.

O luto faz parte da vida, inevitavelmente. Não existe uma vida sem luto. Não importa se sou eu que me encaro como "fracassado", ou aquele que contribuiu para o fracasso de outra pessoa. Para mim, no final do processo, o luto inclui a reconciliação com a situação, com aquela pessoa ou aquelas pessoas que me fizeram aquilo, e a reconciliação comigo mesmo. Só então poderei reencontrar a serena tranquilidade e a vitalidade plena de humor, no meu dia a dia pessoal e profissional.

Depois da morte súbita de minha mãe, escrevi o seguinte poema. Isso me ajudou, e ainda me ajuda a reencontrar a minha vitalidade plena de humor. Sempre de novo.

O patinho do luto

Ali está, na minha escrivaninha
Meu "presente de condolências"
um tanto incomum
Um patinho de plástico, amarelinho
Que não para de olhar para mim

É incomum, mesmo assim ele mexe comigo
Desperta em mim lembranças da infância
Ele me lembra meus pais
Minha mãe, meu pai
Meu irmão, e nossas excursões juntos
Naquelas horas de proximidade
Nas férias e nas horas de lazer
Na alegria e no relaxamento

Ele me lembra dos tempos
Em que ainda éramos uma família feliz
Só nós quatro
Sem a influência de terceiros
Sem brigas e conflitos
Sem noites de insônia
Ele desperta em mim
Um sentimento há muito perdido
Aquele patinho amarelinho
Meu pequeno patinho do luto

Talvez ele também possa me ajudar
A ter belas lembranças,
No processo de luto
A guardá-las no coração
E seguir o meu caminho
Com o meu pequeno patinho do luto

Fique mais um pouco
Na minha escrivaninha
Ó patinho do luto
Que bom que você existe

O palhaço da esperança

Esperança é uma palavra importante, ou melhor, um objetivo importante em nossa vida. Sem esperança, sem esperar tempos melhores, com uma boa saúde, um bom emprego, um bebê saudável e um bom parto (costumamos dizer que a mãe tem uma boa esperança), com uma vida que continue até mesmo sem o ente querido, um bom trabalho e muito mais, faltaria algo determinante em nossa vida: uma força, uma energia que nos estimule a acreditar no que existe de bom em nós, no outro, e em Deus. O palhaço da esperança pode nos lembrar que a esperança, que esperar alguma coisa, é a mola propulsora dos nossos esforços diários. Sem a esperança de conseguir apresentar a sua arte e ser bem-sucedido, tocando assim o coração do público, o palhaço não poderia agir como age. A esperança de ter um público satisfeito e de conseguir dar a ele algumas horas felizes é a sua mola propulsora.

Ter esperança é acreditar que algo vai melhorar, ou pelo menos vai continuar bem, e empenhar-se para que seja assim, por exemplo, em famílias, comunidades, no local de trabalho e em associações. E que a vida continue dando certo, mesmo que o ente querido não esteja mais fisicamente junto a mim.

Podemos aprender muito com o palhaço da esperança, pois ele não se deixa abater, sempre se levanta de novo, quando cai, e continua tentando até finalmente conseguir o que havia se proposto a fazer. Mas infelizmente às vezes isso também não funciona. Sem sua coragem, esperança, capacidade de perseverar e confiança em Deus, o palhaço fracassaria.

Ter esperança também significa lutar pelo que é importante para mim, o que eu amo e valorizo, enfim, tudo que me faz ser o que sou hoje.

Quero convidá-lo a ouvir cada vez mais o palhaço da esperança dentro de você, dar-lhe uma chance de crescer e amadurecer e confiar nele cada vez mais a cada dia. Sempre vale a pena termos esperança.

Sugestões de estímulos para o dia a dia

- De quem ou do quê quero me despedir, para criar coragem e começar de novo?

- Quero agradecer conscientemente aos meus falecidos pais, meu falecido parceiro ou outros entes queridos pelo tempo maravilhoso que passamos juntos, e pelo que me deram na minha vida;

- Qual a importância que pretendo atribuir ao encontro com as pessoas – com quem vou partilhar hoje minha alegria?

Ponto de observação: A função terapêutica do humor

Um olhar positivo – pleno de humor – sobre a própria situação tem um efeito terapêutico. Ele pode nos tirar do pessimismo e da "negação" e introduzir os primeiros passos da cura. Curar quer dizer reconciliar-se com a situação, introduzir os passos necessários para isso e a reconciliação consigo mesmo.

Muitas vezes não consigo perdoar muito bem minhas próprias ações, minha própria postura. Mas esses passos são absolutamente necessários para que o humor tenha uma função terapêutica. Quando consigo rir de mim mesmo, do que fiz naquela situação e não ficar me acusando o tempo todo, é sinal de que estou dando os primeiros passos importantes em meu processo de cura. Pois então eu me abro para o novo e sinto o efeito libertador do humor. Com isso, o velho não fica melhor de repente, mas posso deixá-lo como está e em algum momento também deixá-lo ir embora. A cura precisa de tempo. A maioria das mágoas deixa cicatrizes. Em algum momento elas não vão mais doer, mas ficarão visíveis por muito tempo.

O importante no processo de cura é que eu passe a lidar comigo mesmo com afeto e humor, e aja de acordo.

No aconselhamento e no acompanhamento muitas vezes esses passos são dados no final de um processo, e assim introduzem um novo processo, um novo comportamento ou um novo modo de lidar com as coisas. Afinal, há mais pessoas envolvidas. Quando se consegue isso, e a pessoa em questão vivencia a libertação e o novo em sua vida por meio do humor, cria-se uma boa base para outra organização do trabalho.

Justamente nessa função o humor representa um papel muito importante. Sem o humor, nossa cura raramente acontece. A cura pelo humor é o sal da "sopa da vida e do trabalho", e torna as coisas mais fáceis.

Georg Wilhelm Friedrich Hegel (1770-1831), o filósofo do idealismo alemão, já havia mostrado a força do humor na cura por meio de anedota. Ele dizia: "Às vezes a loucura pode ser curada com as palavras que, por meio de uma anedota, exercem um efeito direto sobre a imaginação".

O humor no trabalho

O palhaço da vida profissional

O palhaço do trabalho é um palhaço especial, pois está sempre em movimento. Ele parece sentir-se feliz em poder trabalhar, e confere ao seu trabalho as asas da leveza. Aquilo que parece a nós, o público, algo casual, engraçado e fácil, precisa de muito treinamento, exercício e também trabalho duro.

Na crise atual do mercado de trabalho provocada pela crise econômica, não é mais tão óbvio as pessoas terem um emprego fixo e conseguirem mantê-lo. A concorrência pelos poucos empregos torna-se mais dura e difícil. Palavras como “ofensa moral”, “demissão pelos empregadores”, “associações de acolhimento”, “trabalho temporário”, “esgotamento” etc., já fazem parte de nossa linguagem do dia a dia. As pessoas que estão empregadas já não cumprem mais uma jornada de apenas oito horas diárias, mas trabalham por mais tempo, têm mais responsabilidades e sentem-se estressadas em seu ambiente de trabalho.

O que podemos aprender do palhaço do trabalho, em nossa situação concreta de trabalho? Como podemos preservar nossa liberdade interior e uma certa leveza no ambiente de trabalho, se corremos o risco constante de uma possível demissão? O trabalho é importante para a garantia de nossa existência e a manutenção de um padrão de vida. O trabalho é importante para nossa autoestima e nosso reconhecimento social.

Estou convencida de que só obteremos ou preservaremos a liberdade interior e a leveza em nossa vida profissional quando não nos decidirmos exclusivamente pelo trabalho, mas ancorarmos nossos valores também em outras áreas de nossa vida. Isso poderia ocorrer no âmbito da família e do círculo de amigos, no envolvimento com o serviço social, na vivência de nossa criatividade, nos relacionamentos e encontros, no acompanhamento e aconselhamento.

Com o palhaço do trabalho podemos aprender que o trabalho é importante, mas nem de longe é tudo que importa para mim e para você. E que Deus me criou como um ser único, e me permite vivenciar e viver minha autoestima, minha liberdade interior e independência. O trabalho pode e deve dar prazer, pois eu sei que tenho um valor e uma liberdade que vão além do trabalho, e que me fazem gostar de viver e de amar. E você?

Sugestões de estímulos para o dia a dia

- O que posso fazer hoje para me sentir estimulado, e estimular os que estão à minha volta a dar risada?
- Como posso ajustar a alavanca da minha vida profissional para acrescentar mais leveza e humor?

- Como posso contribuir hoje, com minhas capacidades, à minha sadia compreensão humana?

- Para onde direciono hoje meus sonhos, minhas esperanças e meus anseios?

Pontos de observação: A função corretiva do humor

Com humor e risada podemos aplainar as arestas de tudo o que queremos dizer ao interlocutor. Muitas vezes conseguimos mostrar a ele, com uma observação bem humorada e que não pode ser ofensiva, de jeito nenhum, que existe outra alternativa que deve ser observada novamente, com mais atenção!

Corrigir não quer dizer, de modo algum, que eu sei o que é certo para você, ou que eu sei o jeito certo de fazer uma coisa, mas sim, que observe novamente com mais atenção se você agiu adequadamente, e se por acaso não existe uma forma mais autêntica, mais adequada para você.

Nos processos terapêuticos, a função corretiva do humor assume uma espécie de reflexão. Ela cria o "olhar de fora" e nos convida a uma interiorização e observação mais atentas. Não a agir com emoção, mas encontrar um modo de agir mais de acordo comigo, com o qual eu possa viver e trabalhar melhor.

O palhaço da gratidão

Quando observo com atenção o palhaço em suas apresentações no circo, sempre me lembro de uma coisa: quando ele consegue seu intento, fica profundamente grato e satisfeito. Ele se alegra com pequenas conquistas, que para mim, no meu dia a dia, são muito naturais. Ele se sente satisfeito com pequenos passos, enquanto eu só registro passos grandes, e só com eles consigo me sentir satisfeita (às vezes também só por pouco tempo). O palhaço irradia satisfação e gratidão internas, que estão se tornando muito raras para nós, pessoas que vivem alucinadamente. Que pena! Pois sem a gratidão, estamos perdendo algo muito importante. Num curso, ouvi uma vez um ditado que me acompanhou por muito tempo: "A medida da minha gratidão determina a medida da minha vitalidade!" Há muito de verdadeiro nesse ditado. Só quem se sente grato pelas pequenas coisas e passos do dia a dia, está vivo de fato. Quando não conseguimos mais nos alegrar, e nossas conquistas se tornam óbvias demais, perdemos um pouco de nossa seiva vital e impedimos nosso crescimento.

O palhaço da gratidão convida a mim e a você a observar tudo com atenção, a não aceitar mais as coisas como óbvias e a sentir-se grato pelas menores coisas conquistadas, e pelos pequenos passos dados na sua e na minha vida.

Com a gratidão, aumentará nossa satisfação e vitalidade, e poderemos olhar para trás, para nosso caminho, com muito humor. Nisso, o palhaço poderá ser nosso modelo e guia. Vamos sempre permitir que o sentimento de gratidão nos torne mais vivos.

Com humor, tudo melhora também na profissão. No entanto, em muitas empresas e companhias o riso é mal visto. Porém, muitas vezes o humor consegue amenizar situações tensas. Infelizmente no local de trabalho vale aquela regra não expressa: "Rir é proibido!". Quem se diverte muito é suspeito de não levar muito a sério o seu trabalho. Então, forçosamente a direção da empresa pergunta qual seria a cultura empresarial vigente. Será que queremos uma cultura da seriedade, na qual o humor não tem espaço, ou uma cultura da autenticidade, na qual reina um equilíbrio entre seriedade e humor? Queremos ser abordados abertamente e com muito humor nos conflitos ou situações críticas, mas em nenhum caso de forma ofensiva?

Eu me atrevo a defender a hipótese de que com humor tudo funciona melhor na vida profissional, e que o humor estimula a carreira.

"O humor é um lubrificante comunicativo, ele pode ajudar até mesmo em negociações difíceis", diz a consultora empresarial Bärbel Hinz-Schäfer de Freiburgo, que coordena seminários sobre o humor.

Na pesquisa a este livro, vieram parar em minhas mãos os mais diversos ensaios e artigos sobre o assunto. Um dos que mais me chamou a atenção foi um artigo no suplemento do nosso jornal diário, com o título "Profissão e carreira", que tratava da temática do humor. Isso me mostrou que o humor não era apenas um "tema das horas de lazer", mas também algo muito importante no dia a dia do trabalho. O humor, nas suas mais diversas facetas e variantes, pode servir como uma estratégia de superação em situações difíceis e como válvula de escape ao estresse. Cada um de nós pode aprender a enfrentar situações de estresse com uma postura básica de alegre relaxamento. Eu, por exemplo, consigo aprofundar minhas percepções considerando-as "situações relaxantes" cheias de humor. Uma porção saudável de humor tem muitos efeitos positivos sobre nós mesmos e sobre nosso interlocutor. No entanto, é importante darmos liberdade ao humor e ao riso em nós, sem reprimi-lo. Mesmo se tivermos de lidar com situações sérias na vida profissional e no dia a dia concreto do trabalho, sempre haverá alguma coisa divertida ou bem humorada da qual poderemos dar risada, e assim aliviar o peso da situação.

Ponto de observação: A função do humor, como distanciamento.

Para podermos explicar melhor a palavra "função de distanciamento", eu gostaria de dividi-la em seus dois termos de origem, e examiná-los individualmente, antes de serem inseridos no contexto do humor.

A palavra "distância" significa, no geral, afastamento, distanciamento. Sociologicamente, ela designa uma distância social extraída do estudo do relacionamento.

A palavra "função" significa, do ponto de vista psicológico, uma atividade ou um trabalho psíquico, tendo como finalidade a conquista de objetivos previamente determinados, segundo o psicólogo austríaco

Hubert Rohracher (1903-1972): conscientização, memória e pensamento.

Por meio do riso, de uma "piada", eu possibilito de uma forma elegante, que meu interlocutor crie um distanciamento de sua história interior. Ele vê que eu, minha situação, meu cargo no trabalho, meus colegas, meu chefe etc., também são cômicos, e não apenas trágicos. Toda pressão se desfaz na medida em que o interlocutor se distancia, ou caminha num nível diferente, e passa a enxergar sua própria vivência de uma perspectiva externa, conseguindo rir de tudo aquilo do fundo do coração. Por meio da mudança de perspectiva, cria-se a possibilidade de uma nova forma de ver as coisas, e ele poderá ousar dar novos passos na resolução dos seus problemas, já mais libertado e com as forças renovadas. Geralmente, o humor cria para o observador um certo distanciamento. Com uma perspectiva externa neutra, ele abre a visão das pessoas.

O palhaço da comunicação

O palhaço é um mestre da comunicação – tanto verbal quanto não verbal – e um minimalista. E é compreendido por todo mundo.

Aprendemos a nos expressar bem por meio de muitas palavras, frequentamos seminários e cursos de comunicação. Se, com tudo isso, conseguimos nos fazer entender melhor pelos nossos interlocutores, é uma outra questão.

Quando observamos os eventos políticos e sociais de hoje, constatamos que muitos políticos e executivos estão bem capacitados, retoricamente, e utilizam belas palavras com um direcionamento preciso.

Mas o que chega até nós, dessa comunicação complicada? Será que o palhaço, com sua comunicação minimalista, que geralmente consiste apenas de um "Ah!" e de um "Oh!" em alto e bom som, não estaria colocando um espelho à nossa frente? E dizendo também: "Isso pode ser diferente, concentre-se no essencial e adote o que é autêntico?". Essas são perguntas decisivas para mim. Quando presto atenção em mim mesma ao falar e observo minha linguagem corporal, identifico muita coisa que eu poderia mudar ou aprimorar.

Os comportamentos e modos de falar arraigados por anos a fio só mudam muito lentamente. Quando eu decido introduzir uma modificação, uma mudança, isso também vai mudar a minha comunicação com os outros – meus colegas, chefes, amigos e parceiros. Com algum treinamento posso chegar ao essencial, àquilo que quero realmente dizer e mostrar, ou comunicar.

Talvez começando com uma palavra que eu queira modificar (por exemplo, renunciando conscientemente à palavra "devo" e transformando-a em "posso"), ou uma postura corporal (por exemplo, se até então eu costumava cruzar os braços, numa conversa, passo a deixá-los abertos, sobre o colo). Um projeto interessante, que vale a pena colocar em prática. Você se habilita?

Justamente as chefias e lideranças deveriam ter a capacidade de rir de si mesmas e se colocarem na "berlinda". Quem consegue rir de si mesmo também consegue transmitir mensagens de crítica aos colaboradores de um jeito irônico e claro. O humor nos oferece diversas chances para a estrutura de comunicação na empresa. Em conversas críticas, um *feedback* bem-humorado chega ao colaborador com mais leveza, e o chefe ou colega transmite mais simpatia. Com o humor também enfrentamos melhor as situações difíceis. Quando algo não funciona como se imaginou, uma piada pode amenizar a frustração. E na crescente competição por contratos, um exagero bem-humorado, ou uma caricatura, podem efetivamente valer pontos.

No site da internet *www.humor-lachen.de* encontrei, com o título *Cheflachen* (*A risada do chefe*) as seguintes afirmações: "Em comparação com os países anglo-saxões, na Alemanha o humor é considerado, em parte, como mal visto ou prejudicial à carreira das pessoas. Mas o prazer no trabalho não é algo tão sério. Com o passar do tempo, alguns executivos alemães perderam a capacidade de rir, ou aprenderam a reprimir o riso (...) 'Primeiro o trabalho, depois o divertimento' é a regra básica de muitas lideranças".

É uma pena, pois como empregadores ou chefes ganharíamos ou descobriríamos muita coisa sobre nossa criatividade se a regra da nossa empresa fosse: "Estimule o riso!".

O palhaço da criatividade (1)

De onde o palhaço extrai sua criatividade, nas brincadeiras com o público, em suas apresentações? Será que são brincadeiras estudadas, longamente ensaiadas e desenvolvidas, e interações com parceiros escolhidos no meio do público? Ou será que, a cada nova apresentação, ele ouve sua voz interior?

Como eu me sinto, como foi meu dia até agora, quais as tarefas que já realizei, quem ainda está sentado no público, quem vou escolher para minha brincadeira, e como ela transcorrerá? Quais dos meus apartes criativos serão solicitados, e o interlocutor também será receptivo ou eu terei de pensar em outra coisa, rapidamente, e usar minha criatividade para planejar algo novo?

Será que isso que descrevi vale somente para o palhaço ou será que tem a ver também com meu dia a dia pessoal e profissional? Quantas vezes numa família, de repente e o mais rápido possível, uma mãe ou um pai criativo precisa salvar uma situação crítica, amenizá-la ou colocá-la nos eixos novamente? Quantas vezes, em minha profissão, exige-se flexibilidade e criatividade para corresponder ao desejo do cliente, e naturalmente o mais rápido possível? Será que ainda tenho tempo para minha criatividade interna, para administrar meu dia a dia? A criatividade libera muitas energias, que ativam o fluxo da vida e o mantém fluindo. A criatividade dá um colorido à minha vida, e extrai de mim capacidades que muitas vezes nem eu mesma conhecia.

O palhaço da criatividade quer lhe dar coragem para administrar as cores de sua vida, as situações cotidianas, sempre de um modo novo e diferente; a ouvir sua voz interior, seu palhaço interior, e a manter suas energias vivas e fluindo, direcionando-as a caminhos criativos.

O culto ao humor em empresas e seminários sobre o riso já é totalmente normal nos Estados Unidos, e na Alemanha essa ideia já está lentamente se impondo, pois as vantagens são convincentes. As lideranças que defendem o riso estimulam e desenvolvem o potencial criativo da empresa, e impulsionam a economia. "Pois os chefes que estimulam o humor não são apenas simpáticos, eles conseguem motivar e animar seus colaboradores com muito mais facilidade. Este é o melhor pressuposto para um bom clima no trabalho e uma elevada produtividade."[16]

Entre eles se incluem chefes ou lideranças que, inclusive em situações difíceis, conseguem controlar as coisas e se manter tranquilos. Conseguir dar risada junto aos colaboradores não só melhora a comunicação, mas estimula a abertura mútua. Falando sistemicamente, o "mundo do trabalho" torna-se mais rico, e com isso amplia as possibilidades da empresa de agir construtivamente e se valer de novos mecanismos.

As possíveis vantagens do humor no local de trabalho ou nas empresas podem ser:

- Promoção da satisfação dos colaboradores;
- Promoção da capacidade de trabalho e da motivação;

16 Internet: www.humor-lachen.de - consultado em outubro de 2009.

- Promoção da criatividade;
- Fortalecimento do espírito de equipe;
- Introdução a processos de mudança (por exemplo, melhoria da atmosfera geral da empresa);
- Promoção e fortalecimento dos recursos dos colaboradores, individualmente, e também do chefe;
- Melhoria da capacidade crítica;
- Superação e redução do estresse.

Em meu escritório há um painel de recados onde prendi, com um imã, um bilhete com uma frase do poeta Joachim Ringelnatz (1883-1934) que sempre me acalma em situações carregadas emocionalmente ou de muito estresse: "O humor é o botão que impede que nosso colarinho estoure". Quanta verdade! O humor não é apenas uma válvula de escape, mas um canal construtivo, que pode redirecionar o estresse reprimido à criatividade e ação inovadora.

Em toda reflexão sobre o humor no local de trabalho é importante que não se trate de um humor imposto, de acordo com o lema: "Hoje vamos ficar todos alegres e dar bastante risada!".

Esse tipo de humor provoca justamente o contrário – as pessoas não se levam mais a sério e o respeito e a aceitação dos respectivos papéis na vida profissional se dissolvem.

A “pessoa, o colaborador, o colega, o chefe que têm muito humor” precisa, sobretudo, serem autênticos. Sem a autenticidade da pessoa que age, o verdadeiro humor não se torna possível. O humor na empresa pode melhorar muita coisa na cultura do companheirismo, se for um humor verdadeiro, que vem de dentro e chega ao outro.

Cuidado, o humor e o riso podem ser contagiantes!

Sugestões de estímulos para o dia a dia

- Quais os colegas que eu gostaria de contagiar hoje com meu humor e meu riso?
- Hoje vou reagir com serenidade a um conflito prestes a aflorar;
- Onde vou reduzir o estresse hoje, por meio do riso?

Ponto de observação: A função do humor na resolução de conflitos e de problemas

A palavra “conflito” se origina da pesquisa comportamental. O “comportamento conflitante” é um comportamento que surge da sobreposição de dois sistemas comportamentais excludentes entre si, por exemplo, agredir e fugir. Uma solução só é possível com um novo esquema de comportamento. Para isso, existem três possibilidades principais: 1) O comportamento ambivalente: a reação se dá por meio da combinação com um compromisso; 2) A transposição de um objeto: a ação é dirigida a um objeto substituto; 3) Ações que passam ao largo: não se apresentam ações adequadas às situações.

No ser humano podem surgir ações conflitantes como consequência da tensão interna e da contrariedade vinculada aos conflitos. Em contrapartida, reações explosivas, ações de curto circuito e emotivas, que também podem surgir em situações de conflito, não são definidas como ações conflitantes.

Justamente nas situações sobrecarregadas de conflitos e problemas, uma visão com humor do acontecimento real pode produzir uma primeira abertura, por meio do distanciamento do problema em si. Cada um de nós já passou pela experiência de vivenciar situações conflitantes em que uma risada, uma piada ou algo semelhante torna a situação mais clara, e ocorre uma espécie de libertação. Por meio do riso, até mesmo do riso histérico, os sentimentos reprimidos podem ser descarregados.

Ao mesmo tempo, os envolvidos conseguirão estabelecer certo distanciamento da questão, e se sentirão mais estimulados a dar um novo impulso à resolução do conflito e do problema. Podemos vivenciar essas situações em nosso local de trabalho. No aconselhamento, costumo mostrar que, por meio da irritação, em vez de se atirar com uma "enorme dedicação" à resolução do conflito ou do problema, a pessoa deve tirar o peso da situação e lidar com ela de forma diferente. Apesar disso, o conflito ainda não estará resolvido. Mesmo assim o caminho ficará livre para sua resolução, e a resolução do problema também, pois serão vistos de um novo ângulo emocional, por meio do riso.

O humor na espiritualidade pessoal

Posso dizer, por experiência própria, que a espiritualidade pessoal é uma coisa imprevisível. Às vezes eu consigo me situar melhor com ela, às vezes pior. Então prefiro trilhar o caminho mais confortável, adiando para o dia seguinte, ou até dois dias depois os momentos de oração, as conversas com Deus. Você também já fez isso?

Mesmo assim, eu percebo que posso iniciar o dia de forma mais tranquila e relaxada depois de dedicar aquelas horas para a minha oração, minha conversa com Deus. Isso vale também para o final do dia. Sinto-me bem, e tenho um sono mais reparador, quando entrego nas mãos de Deus tudo que aconteceu de bom ou o que não transcorreu muito bem.

Dizem que nós, renanos, temos uma forma própria de sermos cristãos, ou católicos – ao invés de católicos romanos, somos católicos renanos. Sem dúvida isso tem vantagens, pois o humor também abre seus caminhos nas conversas com Deus. Assim como nas situações difíceis, expresso os salmos em altos brados, nas conversas com Deus também incluo em voz alta situações engraçadas e divertidas. Há 15 anos, em alguns exercícios dos quais participei, o monitor me incumbiu de uma tarefa bastante complicada.

Ele me disse que eu deveria conversar com Deus em voz alta – o dia inteiro, não importa o que acontecesse comigo.

Essa tarefa despertou em mim uma nova compreensão de Deus e da oração. Ele – Deus – compartilha todas as situações comigo, as belas e as difíceis, as engraçadas e as reflexivas. Ele é um Deus com humor, como constatou o autor do livro "Kohelet" : tudo na vida tem seu tempo – o do riso e do pranto.

Como a espiritualidade implica numa relação muito pessoal com Deus, quero, neste capítulo, apresentar a vocês alguns palhaços para estimulá-los e dar-lhes a coragem de experimentar muita coisa nos "momentos de conversa" com Deus e permanecer nessa conversa com Ele, não importa o que esteja ocorrendo naquele instante. Ele está sempre conosco, no riso e no pranto.

Sugestões de estímulos para o dia a dia

- Tudo tem seu tempo, o riso e o pranto, diz o pregador no livro "Kohelet". Para o que reservarei meu tempo hoje?

- Qual o pedido que colocarei hoje sob a bençãо especial de Deus?

- Para onde quero me retirar hoje?

O palhaço de Deus

Acredito que ser um palhaço de Deus ou o palhaço de Deus é o desafio mais belo e ao mesmo tempo mais difícil de nossa vida. Com todas as facetas que o palhaço e também cada um de nós possui, pertencer a Deus, ser Seu palhaço, é uma tarefa para a vida inteira.

Assim como o palhaço, nós caímos, levantamos, e às vezes até permanecemos deitados; de acordo com nossa predisposição interior, somos criativos, provocadores, contemplativos, tristes, alegres, equilibrados, desequilibrados, gratos... e podemos nos sentir aceitos por Ele, do jeito que somos. Para isso, o palhaço da confiança, da crença e da esperança poderá nos ajudar. Pois só podemos perceber esse "sentir-se aceito" por Deus quando nos entregamos totalmente a Ele, quando confiamos totalmente Nele. Deus nos quer sempre inteiros. Ele não se dá por satisfeito com coisas pela metade. Quando confiamos em Deus, para nos tornarmos um palhaço de Deus por inteiro, nada mais poderá nos acontecer. Então estaremos protegidos em Suas mãos. Deus nos protege, porque somos tão valiosos e caros para Ele, que Ele nos envolve com todo Seu amor.

Será que posso e quero acreditar nisso? Será que posso e quero confiar Nele, e assim trilhar o caminho que ele traçou para mim? Ou será que prefiro manter o controle sobre a minha vida e deixar a porta dos fundos aberta?

Só cada um pode tomar sozinho, a decisão de ser o palhaço de Deus. Assim como no caso do palhaço no picadeiro, não há garantia de que ter a coragem de confiar em Deus é a coisa certa para a sua e a minha vida.

Ele dá a você e a mim a liberdade e a possibilidade de me decidirmos por Ele, e pela garantia de que Ele vai nos amparar quando ousarmos saltar em Seus braços. Assim como a vida do palhaço nunca é entediante, Deus nos dá a garantia de que teremos uma vida plena, e eu acho isso extremamente fascinante. E você?

Ponto de observação: A função esclarecedora do humor

A palavra "esclarecimento" significa explicar processos, instituições e tradições "obscuros", misteriosos, por meio da volta à sua essência natural, verdadeira e racional, como por exemplo, o esclarecimento religioso, sexual, político, o esclarecimento moral etc. Como tal, o esclarecimento faz parte de todo conhecimento científico e filosófico e aparece na história de todas as culturas, em determinados períodos, como uma manifestação específica do espírito.

Com um sorriso e meu humor particular eu consigo esclarecer meu próprio comportamento e o efeito vinculado a ele. Como eu dou risada, quais as piadas, brincadeiras, que tipo de humor eu expresso em determinadas situações – tudo isso dá ao meu interlocutor pistas para tirar uma conclusão sobre meu comportamento, e, naturalmente, exerce nele um determinado efeito.

Nos processos de aconselhamento e acompanhamento, aquilo que o buscador faz, nesse sentido, também exerce um efeito sobre mim e me esclarece a respeito das suas posturas e visões básicas.

Um exemplo disso podem ser as chamadas histórias de sabedoria do sacerdote jesuíta e mestre espiritual Anthony de Mello (1931-1987) ou as histórias chassídicas do filósofo religioso judeu Matin Buber (1878-1965). Sob vários aspectos, elas possuem um caráter explicativo para o leitor: elas nos esclarecem o sutil, profundo e sábio humor do rabino, o modo de pensar, agir e questionar do buscador, o espírito daquela época, e também esclarecem as pessoas de hoje, mostrando que ele também continua sendo um aprendiz.

Uma das histórias chassídicas serve como exemplo:

Um rabino resolve conversar com Deus sobre o céu e o inferno. "Vou lhe mostrar o inferno", disse Deus, levando o rabino a um recinto onde havia uma grande mesa.

As pessoas sentadas à mesa estavam famintas e desesperadas. No meio da mesa havia uma enorme tigela cheia de comida com um cheiro tão delicioso que a boca do rabino se encheu de água. Cada um dos convidados segurava uma colher com um cabo muito comprido. Apesar dessas colheres terem o comprimento exato para alcançarem a tigela, os cabos eram mais longos do que os braços dos comedores em potencial. Como as pessoas não conseguiam levar a comida à boca, ninguém conseguia comer nada, rabino viu que o sofrimento daquelas pessoas era realmente terrível.

"Agora vou lhe mostrar o céu", disse o Senhor, e eles entraram num outro recinto que parecia igual ao anterior. Ali se

encontrava a mesma mesa redonda e a mesma tigela grande cheia de comida. Como no caso anterior, as pessoas seguravam as mesmas colheres de cabo comprido – mas todos estavam bem alimentados e rechonchudos, davam risada e se divertiam.

O rabino não estava entendendo nada.

"É muito simples, mas é preciso se ter uma certa habilidade", disse o Senhor. "Saiba que neste recinto eles aprenderam a alimentar uns aos outros".

Sugestões de estímulos para o dia a dia

- Hoje escolherei uma pessoa para "alimentar", assim ela não morrerá de fome;

- Apontarei a mim mesma, com afeto e bondade, alguns erros que cometi, e darei risada do fato de não ser infalível;

- Em situações concretas do dia a dia e do trabalho, sempre tenho consciência de que também dependo da "alimentação" dos outros e do "alcance das colheres alheias" – e permito que isso aconteça comigo.

O palhaço da criatividade (2)

Quase ninguém é tão criativo quanto um palhaço que, de muitas formas, vive da comicidade de uma situação e assim depende de seus parceiros. Quando estes confiam em sua representação, ele decide como vai continuar, de forma criativa e intuitiva. Quando um espectador se nega a participar, ele também sabe dominar a situação de forma criativa e lúdica.

Ele se faz de palhaço e inclui o convidado. Mesmo quando a criatividade não flui muito entre os dois, ele a vivencia em sua representação, fazendo o papel dos dois atores. O fantástico nisso tudo é que o público nem nota uma possível rejeição, mas se envolve totalmente no jogo criativo do palhaço, e é atraído ao seu encanto.

Então a pergunta que me ocorre é a seguinte: como está a minha criatividade do dia a dia? O que a estimula e o que a bloqueia?

A criatividade precisa de espaço (livre) e tempo para fluir, para romper as amarras. Muitas vezes, eu percebo que os importantes negócios do dia a dia acionam meus freios interiores, brecam minha faceta criativa e impedem que ela se manifeste. Mas então eu sinto que existe algo que quer sair, mas que não consegue romper meus bloqueios. Como posso deixar essa originalidade fluir e incluir os outros nesse meu "fluxo de criatividade"?

Minha criatividade flui naqueles momentos que eu reservo só para mim. Pode ser num passeio, numa excursão de bicicleta, durante um momento de silêncio ou nos meus sonhos. Eu me acostumei a levar um bloco de anotações em minha bolsa, quando saio durante o dia. Ao me ocorre alguma coisa especial, um pensamento criativo ou uma "ideia relâmpago", eu a anoto no bloquinho, e no final de semana faço uma análise de tudo para saber o que pretendo levar adiante. À noite, quando vou dormir, deixo um caderninho em minha mesa de cabeceira. Quando acordo no meio ou no final de um sonho e consigo lembrá-lo, eu o registro. Ao me levantar, de manhã, leio novamente o que escrevi para tentar saber o que aquele sonho quis me dizer e as sugestões que posso extrair dele.

O palhaço da criatividade abre para mim e para você novas possibilidades de obter o fluxo de energia e a seiva da vida, ou seja, as raízes da nossa criatividade, e transportá-las para o nosso dia a dia.

Portanto, vamos nos abrir e descobrir a criatividade em nós, que ainda está à espera de um despertar.

O palhaço em mim

O palhaço em mim possui várias facetas. Ele aprendeu a representar o papel que se espera dele, e aprende cada vez mais a representar aqueles papéis que eu mesma quero representar.

A seguir, descrevo num poema essa "abertura ao meu palhaço" de cada dia.

Abertura – eu quero ser um palhaço

Devo me abrir hoje de novo?
Em caso afirmativo, para onde exatamente
quero ir?

O que estou disposta a deixar para trás?
E o que pretendo preservar?
Minha bagagem é pesada
Vale a pena fazer mais uma triagem
O que devo levar, que roupa,
Que sapatos, que máscara?
O que devo deixar para trás?
Quais roupas velhas, qual maquiagem?
O que devo jogar fora?
Coisas de que não preciso mais hoje?

Um novo processo de triagem se inicia
E a bagagem fica mais leve

Vestidos, roupas, máscaras – existem
Muitos e diversos em minha vida,
Não preciso mais de todos

Relacionamentos: palhaços,
saltimbancos e doidos
Como eu
Alguns são tão importantes e valiosos para mim
Que vou levá-los comigo

Com os outros sinto-me ligada
por gratas lembranças
Foi bom que tenham caminhado comigo
Por um trecho do caminho
Agora posso deixá-los para trás, continuar
Levando-os dentro do coração
E abrir espaço para novos relacionamentos

E há também aqueles relacionamentos, pessoas
Picadeiros e lonas de circo
Aos quais sinto-me ligada
Por pensamentos e emoções dolorosos
Estes eu não só deixo para trás
Mas entrego-os a Deus
E me separo definitivamente deles
Eu os solto
Seu poder sobre mim chegou ao fim

O palhaço em mim – o palhaço de Deus –
Sente-se leve e liberto
Pronto para uma nova abertura hoje
E todos os dias de novo

A vida, minha vida com o palhaço em mim, é bela
Tão bela...!

Aconselhamento e acompanhamento com muito humor 5

Um Resumo

Quem quiser descobrir o palhaço em si
Deverá primeiro identificar seus limites
Limites são aquelas situações da vida
Que queremos evitar o tempo todo
Naquele momento em que a pessoa,
em sua vida,
Não estiver mais disposta a representar
Ela revela o palhaço em si

(Johannes Galli)

Os palhaços, em seu sentido mais amplo, têm a ver com a nostalgia primordial e as necessidades vitais primordiais do ser humano. Eles querem ser amados e notados por si mesmos, querem ter certo valor e sucesso na vida. Querem possuir a própria dignidade, reconhecida pelos outros, e também se sentirem dignos. Por meio de suas ações, o palhaço abre novas perspectivas ao espectador e enriquece muito a interação naquele instante.

Exatamente nisso o aconselhamento, o acompanhamento e o encontro podem abrir novos ângulos de visão, enriquecendo substancialmente a situação estudada em conjunto, para despertar e descobrir o palhaço interior no consulente e também no conselheiro.

Para mim, palhaço e aconselhamento, acompanhamento e encontro combinam muito bem, pois todo mundo pode aprender muito sobre o palhaço dentro de si, se quiser. Não só disciplinando a consciência, mas também aprendendo a confiar mais na intuição, na vitalidade, e introduzindo-as no processo da vida e do trabalho, na função de conselheiro, acompanhante, chefe, parceiro etc. É um equilíbrio entre mente e coração, sentimento e razão, prazer e frugalidade.

Com o palhaço dentro de mim eu obtenho uma nova dignidade e dignificação. O palhaço é seguro de si mesmo. Ele brinca com os outros, os inclui nas brincadeiras de sua vida, e com seu jeito maluco, não tem vergonha de pedir ajuda e também aceitá-la.

O palhaço é um curador, que faz as pessoas darem risada, que consegue rir de si mesmo e que também está sempre disposto a mostrar sua faceta triste e imperfeita. Ele se coloca diante de si mesmo do jeito que ele é e como pode ser! Ele mostra ao público partes de si mesmo, e, ao mesmo tempo, serve a esse público como espelho. O palhaço coloca o espelho na frente das pessoas e faz o convite: olhe com mais atenção, descubra e desperte o palhaço dentro de você!

Raramente, ele se expressa com muitas palavras, geralmente ele usa o corpo inteiro para isso. E não ofende ninguém, mas o faz valorizando o outro, aceitando-o como ele é sem levá-lo muito a sério.

O palhaço se entrega ao jogo da vida e aceita qualquer situação, pois também não consegue prever como os parceiros do jogo vão reagir.

Para mim, o palhaço é um grande exemplo com quem sempre aprendo coisas novas, que me inspira em meu trabalho e me aponta novos caminhos.

Justamente na comunicação não verbal, podemos aprender com ele como usar a linguagem corporal e a percepção. Ele nos dá a coragem de experimentar, e sempre nos convida a nos considerarmos importantes, mas não importantes demais.

A cada apresentação o palhaço reconstrói sua realidade, adaptando-a ao papel que pretende representar naquele instante. Ele convida as pessoas a ouvirem a criança interior, o palhaço interior que há nelas e a darem mais espaço aos seus sonhos e anseios.

É nisso que vejo nossa missão, como pessoas e conselheiros de muita vitalidade e humor, despertando em nossos semelhantes os recursos que eles podem vivenciar e administrar em seu dia a dia pessoal e profissional. Palhaço e aconselhamento, acompanhamento e encontro, não são coisas excludentes. Para mim, elas se completam e nos levam à nossa identidade de uma maior vitalidade, leveza e, sobretudo, maior autenticidade.

Em resumo, minha visão do aconselhamento, do acompanhamento e do encontro com humor, e que produz mais vitalidade, é a seguinte: **descobrir e despertar o palhaço interior nas pessoas que encontramos no dia a dia pessoal e profissional, e em nós mesmos. Além disso,** apoiar essas pessoas e fomentar sua coragem, para que vivenciem seus sonhos, esperanças, desejos e anseios, para que encontrem o próprio rumo, com serenidade, e o plantem no território de sua vida.

Acrescento a essa visão a ideia de que vitalidade com muito humor é algo perceptível, a vida torna-se bem sucedida, e cada um, de vez em quando, pode sair do seu papel e rir de si mesmo. Então, a alegre mensagem também se aproximará do que Jesus imaginou para elas.

Uma conclusão diferente 6

Para concluir, quero deixar que o pequeno palhaço, pleno de humor, que existe em cada um de nós, assuma a palavra.

O papel principal no palco da minha vida

Muitas vezes quero rir
Mesmo quando tenho vontade de chorar
Eu, o palhaço
Represento no palco da minha vida
O papel principal

Eu determino a roupa, as piadas, as brincadeiras
Da apresentação de hoje
E também escolho
Quem terá permissão de ir comigo ao meu
palco hoje

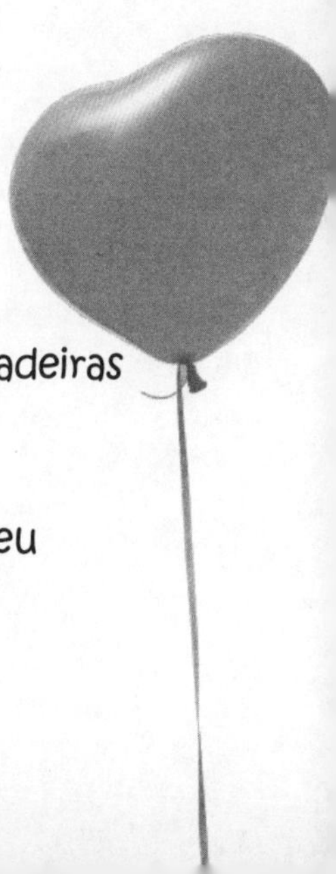

Conheço bem muitos
Rostos, registros e papéis
Posso chamar de minhas
Muitas fantasias
Muitas maquiagens diversas
Possuo muitos sapatos
De diferentes tamanhos
E nem sempre eles cabem
Nas pegadas do dia anterior

Hoje imprimo minhas novas pegadas

Hoje represento de forma autêntica e com muito humor
Só para mim, a representação da minha vida
Hoje quero ser o palhaço de Deus e
Hoje quero ser a doida
Que fica de ponta cabeça nesse mundo maluco

Hoje eu desperto e descubro
Novamente o palhaço em mim
E hoje consigo rir novamente
Do fundo do coração
Rir de mim mesma
E de você

Bibliografia

ADAMS, PATCH/Mylander, Maureen: *Gesundheit!*, Oberursel 1997.

ARNOLD, Ralf/Sibert,Horst: *Konstruktivistische Erwachsenenbildung, Grundlagen der Berufs-und Erwachsenenbildung*, vol. 4, Baltmannsweiler 2003, 4ª Edição.

BARTHELMESS, Manuel: *Systemische Beratung*, Weinheim/Basileia 2001, 2ª. Edição.

Berliner Institut für Familientherapie, systemische Therapie, Supervision, Beratung und Fortbildung e.V.: Ausschreibung zur Supervisionsausbildung (Formação em supervisão) 2003.

BROCKHAUS, F.A.: *Enzyklopädie in 24 Bänden*, Mannheim 1989, 19ª. Edição.

DUFNER, Meinrad: *Rollenwechsel*, Münsterschwarzach, 2004.

Fachlexikon der sozialen Arbeit, Deutscher Verein für öffentliche und private Fursorge, Frankfurt a.M. 1993.

FARRELLY, Frank/BRANDSMA, J.M.: *Provokative Therapie*, Berlim/Heidelberg/Nova York/Londres/Paris/Toquio, 1974 (tradução para o alemão de 1986).

FREUD, Sigmund: *Der Witz und seine Beziehung zum Unbewussten*, editado por Anna Freud, ext. de S.Freud: *Gesammelte Werke*, vol. 6, Frankfurt/Main 1973.

FRIED, Annette/Keller, Joachim: *Faszination Clown*, Düsseldorf 2003.

FRIED, Annette/Keller, Joachim: *Humor und Zeitgeist* 2004.

GALLI, Johannes: *Entdecke den Clown in dir*, Freiburgo/Breisgau 2000.

Goff le, Jacques: *Das Lachen im Mittelalter*, Stuttgart 2004 (Edição alemã).

GRÜN, Anselm/Robben, Ramona: *Gescheitert? Deine Chance!*, Münsterschwarzach 1999.

HOLTBERND, Thomas: *Humorzitien – Die etwas anderen Exerzitien*, Münster 2004.

HÜSCH, Hanns-Dieter: *Ich möchte ein Clown sein*, Düsseldorf 2002.

KERSTIN. Heinz J./NEUMANN-WIRSING, Heide (ed): *Systemische Perspektiven in der Supervision und Organisationsentwicklung*, Aachen 1996.

KUNTZ, Stephan/VOGLSINGER, Josef (ed): *Humor, Phantasie und Raum in Pädagogik und Therapie*, Dortmund 2004.

MILLER, Henry/Miró Joan: *Das Lächeln am Fusse der Leiter*, Reinbeck/Hamburgo 1961.

NEUMANN/Wirsing, HEIDE/Kersting, HEINZ J. (ed): *Systemische Supervision – oder Till Eulenspiegels Narreteien*, Aachen 1993.

Publik-Forum Edição extra, 2/2004: *Entdecke den Clown in dir. Chancen für ein lebendiges Leben.*

Schultz von Thun, Friedemann: *Miteinander reden 1 – Störungen und Klärungen*, Reinbeck/Hamburgo 2002, 37ª Edição.

SMEDING, Ruthmarijke/HEITKÖNIG-WILP, Margarete (ed): *Trauer erschliessen, Eine Tafel der Gezeiten*, Wuppertal 2005.

TITZE, Michael/PATSCH,Inge: *Die Humorstrategie. Auf verblüffende Art Konflikte lösen*, Munique 2004.

Esta obra foi composta em CTcP
Capa: Supremo 250 g – Miolo: Pólen Soft 80 g
Impressão e acabamento
Gráfica e Editora Santuário